朝日新書
Asahi Shinsho 356

財務３表実践活用法

会計でビジネスの全体像をつかむ

國貞克則

朝日新聞出版

はじめに

日本人もグローバルな視点を持って生きていかなければならない時代になってきました。私はサラリーマン時代、ほぼ一貫して海外の人たちと仕事をしてきました。日本人はとても優秀だと思います。ただ、日本のビジネスエリートと海外のビジネスエリートを比較したとき、両者の会計分野における知識量の差は歴然としています。

日本人は大卒一律採用で、サラリーマン人生の大半を「売上」と「利益」にしか責任を持たない育ち方をします。会計の表としては損益計算書（PL）を見るだけです。ところが、海外のビジネスエリートは採用のときから経営者予備軍として扱われますから、常に事業全体を視野に入れて仕事をします。それは、損益計算書だけでなく、貸借対照表（BS）やキャッシュフロー計算書（CS）も見ながら仕事をしていることを意味します。この生い立ちからくる両者のビジネスセンスの差は歴然としています。

経済が今以上にグローバル化していくことは間違いなく、今後、日本のビジネスパーソンも会計の知識がないと世界で太刀打ちできないでしょう。会計は特殊な分野のように思われがちですが、仕組み自体はいたって簡単です。論理も一貫しています。多くの皆さんに会計の知識を身につけてもらい、それをビジネスの現場で活かしていただきたいと思います。

私はこれまで、会計の専門家ではない人のために会計の解説本を書いてきました。拙著『財務3表一体理解法』（朝日新書）では会計の基本的な仕組みを説明し、『財務3表図解分析法』（同）では図解による財務分析の方法について解説しました。この2作に続くのが本書の『財務3表実践活用法』です。もちろん、この活用編も会計の専門家ではない人のために書いたものです。

会計の専門家ではない人が会計を現場で使うのは、予算や利益計算などの管理会計（企業内部の経営管理のための会計）の分野が主でしょう。本書でも予算や利益計算、さらには損益分岐点分析や差異分析といった管理会計の分野に関して、その基本となる考え方をわかりやすく説明していきます。

ただ、企業会計の目的やその存在理由を根本から考えてみれば、会計の専門家ではない人であっても、仕事をする上で理解しておかなければならない会計の知識がたくさんあることに気づかされます。逆に言えば、企業会計の知識があればビジネスを行う上で多くのメリットがあります。

企業会計の第一の目的は、ビジネス全体を数字で正しく表すことです。ですから、会計が理解できればビジネス全体を広く高い視点から俯瞰《ふかん》できるようになります。問題やリスクがどこに存在するかもわかりますし、将来の事業ビジョンを想像することもできます。さらに、ビジネス全体を数字で俯瞰できるようになれば、物事を常に広く高い視点で見られるようになります。

また、ビジネスを数字で把握するということは、数学モデルが使えることを意味します。つまり、方程式を使って必要な解を求めることができますし、数字で事業改善の方法や将来の事業ビジョンをシミュレーションすることもできます。

企業会計が必要となる2番目の理由は、ある一定期間（事業年度）の正しい利益を計算しなければならないというところにあります。何年にもわたって使用する機械設備の費用を使用年限に分割して計上する減価償却という考え方は、まさにある一定期間の正しい利益を計算するために開発された手法です。

利益はある一定期間の事業実態を表すために必要な数字ではありますが、現金の実態を伴ったものではありません。利益は会計上のルールに従って計算された数字です。ですから、赤字になったからといってすぐに企業が倒産することはありません。しかし、黒字であっても現金が続かなくなったら企業は終わりです。ビジネスを行う上では、このことをよく理解しておく必要があります。

近年、キャッシュフロー計算書の重要性が高まってきています。キャッシュ（現金）こそが現実であり、ウソのつけない数字だからです。本書で説明するオリンパスの粉飾決算においても、非常に巧妙で複雑な現金の動きが仕組まれています。

さらに言えば、事業の投資評価はキャッシュベースで行われます。M&A（企業の合併と買収）における企業価値の計算も、基本的にはその企業が生み出すであろう将来のキャッシュフローがベースになります。

利益と現金の違いがしっかり認識できていれば、企業にとってどの場面で何が大切なのかがわかりますし、損益計算書とキャッシュフロー計算書のそれぞれの意義が深く理解できるようになるでしょう。

企業会計の3番目の存在理由は、収支計算書では表せない「投資」と「リターン」というビジネスの基本的な仕組みを明瞭に説明できることでしょう。企業会計を勉強すればビジネスにおける「投資」と「リターン」の重要性が理解できます。多くの人が企業にとって大切なのは「売上」と「利益」だと思っています。もちろん、「売上」と「利益」は大切です。しかし、ビジネスの基本は「投資」と「リターン」です。

実はビジネスの世界だけでなく、世の中全体を読み解くキーワードが「投資」と「リターン」なのです。詳しい説明は本文に譲りますが、「投資」と「リターン」という考え方が頭にあれば人生そのものが変わってくると言っても過言ではありません。

このように、企業会計を理解することは、会計の専門家ではない人にとってもたくさんのメリットがあります。企業会計の知識は、ビジネスだけでなく個人の生活にも活かすことができます。本書では次の３つの要素に従って、企業会計の活用方法について説明していきます。

1. 会計を通して、ビジネス全体を俯瞰しコントロールする
2. 利益と現金の違いを認識する
3. 世の中は「投資」と「リターン」で回っている

また、本書ではドラッカー経営学を使って、経営における会計の意味や経営と会計のつながりについて説明します。

皆さんはいままでに、ビジネスの現場で予算や売上目標について疑問を持ったことはないでしょうか。例えば、「環境は目まぐるしく変化するのに、予算なんか作って意味があるのだろうか」、「売上や利益の数値目標を達成することがビジネスなのだろうか」といった疑問です。私はサラリーマン時代、よくそんなことを思っていました。それらの疑問にドラッカーは明確な答えを出してくれています。

私はドラッカー経営大学院でＭＢＡ（経営学修士号）を取得し、先般『究極のドラッカー』（角川新書）と題する本を出版しました。ドラッカー経営学を学べば学ぶほど、ドラッカーがどれほど鋭くビジネスの本質を指摘しているかがわかります。ドラッカーはビジネスの本質だけでなく、世の中の仕組みや人間の本質も鋭く説き明かしています。

ドラッカー経営学をベースにして、会計とビジネスの真の関係についてご理解いただければ、現場における会計の意義を再認識していただけるでしょう。

本書で企業会計の意味と意義を理解し、ビジネスの現場や個人生活で会計の知識を活かしていただきたいと思います。

財務3表実践活用法　目次

チャート作成　谷口正孝

第1章　会計を通して、ビジネス全体を俯瞰しコントロールする

1　会計でビジネスの何が見え、何ができるか

(1) 会計が表しているものとは

財務諸表は事業の実態を企業の関係者（株主や債権者など）に正しく伝えるために作られます。

『財務3表一体理解法』でも述べたように、すべての企業は「お金を集める」→「投資する」→「利益をあげる」という3つの活動を行っています。この3つの活動が損益計算書（PL）と貸借対照表（BS）とキャッシュフロー計算書（CS）で表されています。事業の全体像を数字で表しているのが財務諸表なのです。

ただ、財務諸表は事業の全体像を表しているというだけでなく、資本主義社会における企業の営みも表しています。資本主義とは、資本家が資本を拠出し労働を買い、生産を行う社会制度のことです。事業はまず資本家が拠出した資本金から始まります。資本主義の

図表1-1-1　資本主義の論理とPL・BSの関係

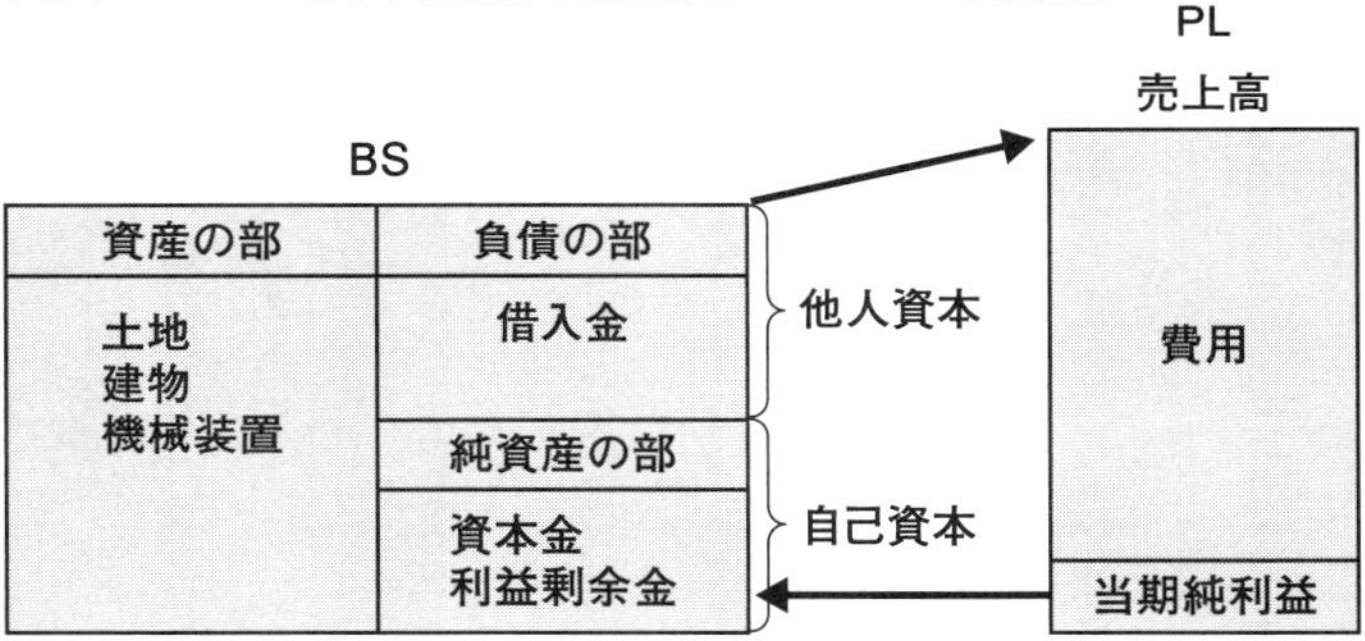

論理に従えば会社は株主のものです。ですから資本金は自己資本と呼ばれます。これに他人からの借入金などの他人資本を加えて事業資金とします。事業を始めるには資本が必要です。この資本が自己資本（純資産の部）と他人資本（負債の部）に分かれてＢＳの右側に表されています（図表1-1-1）。ＢＳの右側の合計を「総資本」ということがありますが、これは自己資本と他人資本の合計という意味です。

この事業資金（資本）で事業に必要な資産を調達します。土地や建物、機械装置などのことです。これがＢＳの左側の「資産の部」に表されています。これらの資産をうまく活用して事業活動を行い、売上高を作ります。この売上高から必要な費用を差し引くと、「当期純利益」という利益が残ります。これら売上と費用と利益がＰＬに表されています。

では、この「当期純利益」という利益はだれのものでしょうか。これは株主のものです。株主が自分のお金を拠出して事業を行っているのですから、この事業が生み出した「当期純利益」は株主のものです。したがって、「当期純利益」はＢＳの中の利益剰余金として自己資本に積み上がっていき、株主の自己資本が膨らんでいく仕組みになっているのです。資本主義社会における企業の営みがＰＬとＢＳで表されているわけです。

（2）事業の全プロセスにわたって会計が使える

財務諸表は、事業の全体像や資本主義社会における企業の営みを表すだけではありません。時間軸を伴った事業の全プロセスにわたって会計が活用できます。

事業は生き物です。勇気と想像力のある人間が事業を起ち上げ、それが成長しやがて成熟期を迎えます。そして多くの事業が時代の変化に対応できず衰退していきます。ところが、いくつかの事業は時代の変化に対応し、さらなる躍進を続けます（図表1-1-2）。

事業を起ち上げる場合は、財務３表を使った事業計画を作る必要があります。収支計算書だけでは事業計画は作れません。このことについては１１０ページからの第２章第１節「収支計算書だけでは起業できない」で詳しく述べます。

図表1-1-2　事業の全プロセス

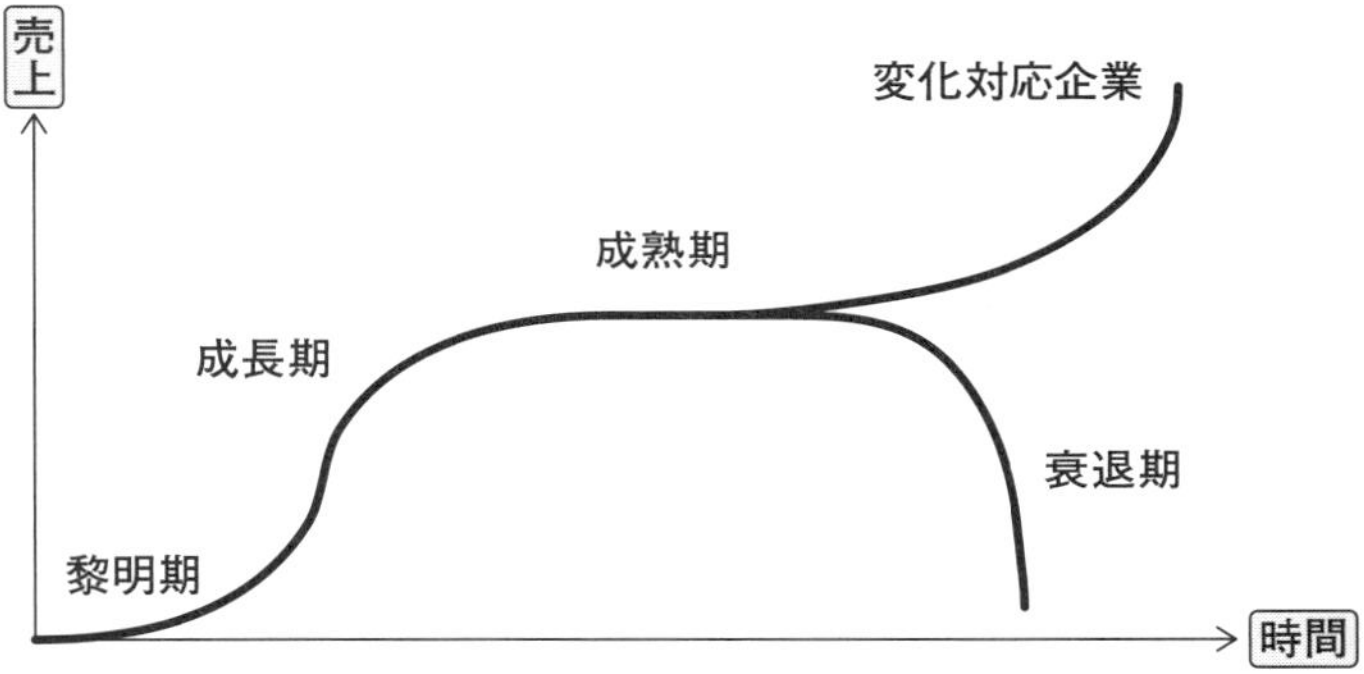

成長期や成熟期は予算を作ってしっかりと事業を管理していくことが必要でしょう。このことについては、77ページからの第1章第4節「予算を策定しコントロールする」で詳しく述べます。

事業がおかしくなりかければ、事業再生案を作って手を打つ必要があります。このことについては、40ページからの第1章第3節「財務諸表で事業再生案を考える」で詳しく述べます。

また、事業のさらなる拡大に関しては投資計画も必要でしょうし、経営の選択肢の一つとしてＭ＆Ａ（企業の合併と買収）も視野に入れる必要があるかもしれません。ここでも会計の知識は不可欠となります。このことについては、１５８ページからの第3章第1節「投資評価について」及び１７０ページからの第2節「Ｍ＆Ａにおける会社の値段の決め方」

で詳しく述べます。

このように、会計は事業の全プロセスにおいて活用できます。さらに言えば、企業会計の知識は個人の生活にも活用できます。家庭のＢＳを作れば個人の財産状況が一目でわかります。また、世の中は「投資」と「リターン」で回っていますから、この「投資」と「リターン」という考え方が根底にあればお金の使い方が変わってきます。このことについては、１８６ページからの第3章第3節「個人の生活も『投資』と『リターン』」で詳しく述べます。

（3）将来の姿をシミュレーションできる

財務諸表は貨幣価値を単位とする数字で表されています。異なる種類の企業の状態が、同じルールを用いた数字で表されていることは大きな意味があります。りんごとみかんはそのままでは比較できませんが、貨幣価値を単位とした数字で表せば比較が可能になります。

さらに、数字で表すということは物事を抽象化することであり、数学的モデルが使えるようになります。例えば、売値が１００円で原価が50円の商品を販売している会社があり、この商売に必要な費用は月間20万円の人件費だけだとします。このビジネスで赤字を出さないためには何個の商品を販売しなければならないかは、簡単な計算式で求められます。さらに、人件費を15万円に削減するとどうなるか、売値を５％上げるとどうなるかといったことも簡単に計算できます。つまり、方程式を使って解を求めたり、数字を使ってシミュレーションしたりすることができるわけです。このことについては、77ページからの第1章第４節「予算を策定しコントロールする」で詳しく解説します。

この方法を使えば、単に売上や利益計画を作ることができるだけでなく、売上や利益の代替案を作りいくつかの代替案を簡単に比較検討することもできます。さらに、経営改善計画を練ったり将来の事業ビジョンを描いたりする際にも使えます。

ドラッカーのヒント

1 資本主義は何が問題なのか

資本主義の論理に従えば会社は株主のものです。会社は株主の利益を増やすために運営されるものです。しかしドラッカーは、会社は株主のものではないし、会社の目的が利益をあげることだといった考えは大きな間違いであると指摘します。

ドラッカーは社会を生き物として見ていました。人体など生き物の中に存在する器官（organ）の目的は、その器官の中にはありません。例えば、心臓の目的は人体のために血液を送ることです。肺の目的は人体のために酸素を吸入することです。

会社も同じです。ドラッカーは、会社を含めたあらゆる組織は社会の機関（organ）であると言います。

社会は生き物です。単にビルが集まったものを社会とは言いません。人間が集まってこそ、初めて社会となります。生き物である社会の中に存在する組織の目的は、その組織の中にはありません。消防署の目的は消防署の中にはなく、消防署の外の火事を消すことにあります。同様に、病院の目的は病院の中にはなく、医師や看護師のためのものでもなく、患者さんの病気を治すことにあります。

会社も社会の一機関である以上、会社の中に目的があるはずがありません。会社の目的は自社の利益を増やすことではありません。お客様に喜ばれる商品やサービスを提供して、会社の外にある社会に貢献することこそが会社の目的なのです。そういう意味でドラッカーは、会社は株主のものではなく社会のものであるというスタンスをとります。

またドラッカーは、資本主義はそれが非効率であったり、誤って機能したりしたために攻撃されているのではない、倫理性を欠くことについて攻撃されているのであると言いました。社会主義は失敗しました。しかし、いまや資本主義も危機的な状況を迎えています。その理由の一つは、多くの人たちが自分の利益のためだけに動いているからでしょう。

ただ、ドラッカーが言うように、資本主義は非効率なわけではありません。資本主義社会の中に存在する会社は、もしそれが非効率であれば社会から抹殺される仕組みになっています。同じ商品やサービスを他社より高い値段でしか提供できない会社は、顧客に商品やサービスを買ってもらえなくなります。非効率で利益があがらない会社は、市場からの退出を余儀なくされます。資本主義社会は効率のよい会社だけが生き残る仕組みになっているのです。

もう一つ、特筆すべき効率のよい資本主義の仕組みがあります。それは大きな社会の変化に自動的に対応する仕組みです。資本主義では会社の利益は資本家に還元されます。会社の外にいる資本家は、ある時代に合致した事業で稼ぎ、そのお金をまた次の時代にあった事業に再投資していくわけです。このように資本主義社会では、時代に合わなくなった古い事業が消え、時代に合った新しい事業が生み出されていく仕組みになっているのです。

公的機関の効率の悪さが非難されることがあります。その一つの原因は、公的機関には効率が悪くなったり時代に合わなくなったりした仕事が自動的に廃棄される仕組みが備わっていない点にあります。公的機関は、そのような仕組みを内部に作るべきなのです。

資本主義社会には効率のよい仕組みが包含されています。しかし、いかなる社会制度も完璧ではありません。

特に、資本主義社会の中でビジネスを行う私たちは、ドラッカーが指摘する倫理性を強く意識しておく必要があります。物事を損か得かで考える前に、善か悪か、真か偽りかといった人間が本来大切にしなければならない価値観で考えるべきなのです。人間として当たり前のことです。

2　経営の効率と経営者の意思が財務諸表に表れる

(1) 経営の効率をどう読み解くか

財務諸表は企業の姿を数字で表したものですから、財務諸表を見れば当然会社の姿が見えてきます。これから説明する内容は『財務3表図解分析法』で解説した内容の要約ですが、この後に説明する活用編の基礎となる知識ですので簡単に復習しておきましょう。財務諸表に書かれている内容について、もう一度説明しておきます。次ページの図表1-2-1をご覧ください。

企業は会社を設立するにあたり、資本金などの自己資本と借入金などの他人資本によってお金を集めてきます。これらのお金で事業を行うための資産（機械装置や建物など）を調達します。その資産をうまく活用して売上高を作り、その売上高を利益に変えていきます。

図表1-2-1　PLとBSを同じ縮尺で図にする

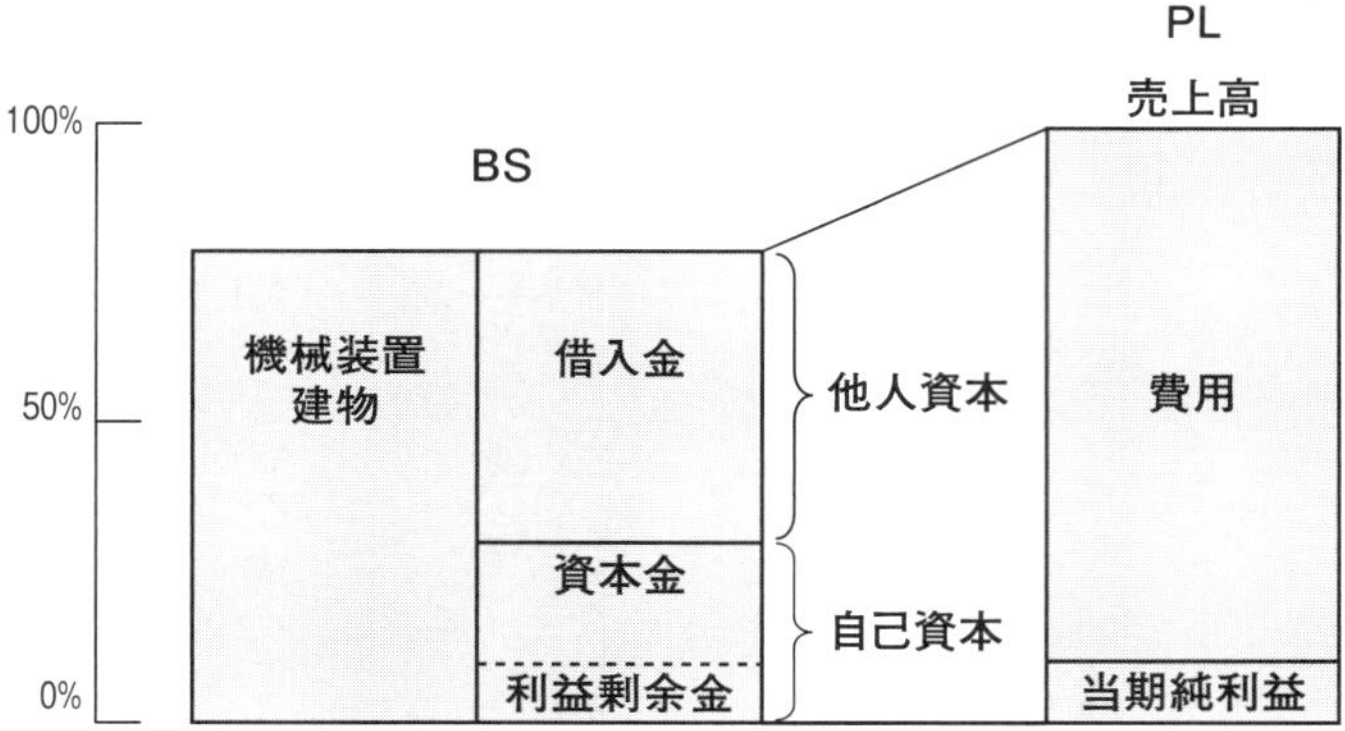

これが資本主義社会における企業の営みであり、事業全体のプロセスです。経営者の一つの仕事は、この事業全体を効率よく運営することです。事業全体のプロセスが財務諸表に表されているのですから、それがいかに効率よく運営されているかを財務諸表から読み解くことが財務分析の基本になります。

この事業全体の効率を株主の視点からみれば、一番大切な財務分析指標はＲＯＥです。ＲＯＥとはReturn on Equityの略で、日本では「自己資本利益率」とよばれています。計算式は、当期純利益÷自己資本です。株主は自己資本を投下して事業を行い利益をあげさせます。この利益は株主のものです。

事業を一つの金融商品と考えれば、自己資本と当期純利益の関係は定期預金における元金と利息の関係に似ています。
自己資本という元金が、事業活動の成果により当期純利益という利息になって元金を増やしてくれるわけです。つまり、ＲＯＥはこの事業という金融商品の利率のようなものです。株主にとっては、自分が投資している事業の利率がどうなっているかは最も関心があるところでしょう。ですから、事業全体を株主の視点から評価しようと思えばＲＯＥが非常に重要なのです。

次にこの事業全体のプロセスをもう少し分解して、どのプロセスをどう効率よく経営しているかを見ていきましょう。

事業は株主の自己資本からスタートします。これに他人からの借入金などの他人資本を加えて事業資金にします。この「お金を集める」フェーズの分析指標としては、「財務レバレッジ」というものがあります。これは他人資本（負債）と自己資本の比率（総資本÷自己資本）です。総資本とは、他人資本と自己資本の総和です。レバレッジとは梃子《てこ》という意味です。つまり、お金を集める段階で、自己資本に対してどれくらいの他人資本という梃子を使っているかということを表す指標です。

この指標は良いか悪いかというものではなく、経営の考え方や方向性を示すものです。

つまり、財務レバレッジが低ければ、他人資本をあまり使わずに自己資本だけで比較的安全に経営しているということを意味します。一方、財務レバレッジが高ければ、たくさんの他人資本を使ってリスクをとり、積極的に経営していることになります。

次に企業は、これら自己資本と他人資本で集めてきたお金で資産（機械装置や建物など）を調達します。これがＢＳの左側に表れます。企業はこの投下した総資本（ＢＳの右側の合計）、言葉を換えれば調達した総資産（ＢＳの左側の合計）を使って売上高を作ります。この「資本を売上に変える」フェーズでの効率は総資本回転率（売上高÷総資本）でわかります。

総資本回転率は、投下した総資本をどれだけ効率よく使って売上高を作っているかがわかる指標です。例えば、同じ飲食業界で同じ大きさの店舗を持つ会社を比較しても、大きな売上をあげられる会社もあれば、そうでない会社もあります。

最後は「売上高を利益に変える」フェーズです。この段階の効率は当期純利益率（当期純利益÷売上高）でわかります。例えば、同じ業界で同じ売上高をあげている会社を比較しても、大きな利益を出す会社もあれば、そうでない会社もあります。当期純利益率で、その会社の利益の効率がわかるわけです。

以上の分析項目は、図表1-2-1のようにPLとBSの各項目の数字を同じ縮尺で図にすれば一目瞭然となります。

前述した第一段階の財務レバレッジは、BSの総資本と自己資本の比率を見ればわかります。他人資本が大きければ大きいほどレバレッジを利かせていることになります。

総資本回転率は、BSの大きさとPLの売上高を比較すればわかります。BSとPLを結んでいる線の勾配が右肩上がりに急であれば急であるほど、同じ資本から大きな売上高を生み出しているということですから、資本の回転率は良いことになります。

当期純利益率は、当期純利益の線が上にあればあるほど利益率が良いということになります。

このように、PLとBSを同じ縮尺でそれぞれの項目の大きさがわかるように図にすれば、経営の効率が一目で分析できるのです。

(2) BSに会社の状態が表れる

特にBSには会社の状態が如実に表れます。会社の状態を典型的な4つのパターンに分けてBSの図で説明しましょう。

図1-2-2の①は一般的な企業のＢＳです。日本の上場企業の平均でいうと純資産の部、つまり自己資本が40％程度、有利子負債が30％程度です。有利子負債とは利子のある負債、つまり借入金や社債などの純粋な借金のことです。負債の部の中には未払法人税等や預かり金といった純粋な借金ではない負債も含まれていますので、ＢＳの右側に純粋な借金を有利子負債として抜き出しています。

②は超優良企業の例です。毎年利益を出し続け、利益剰余金がたくさん積み上がってい

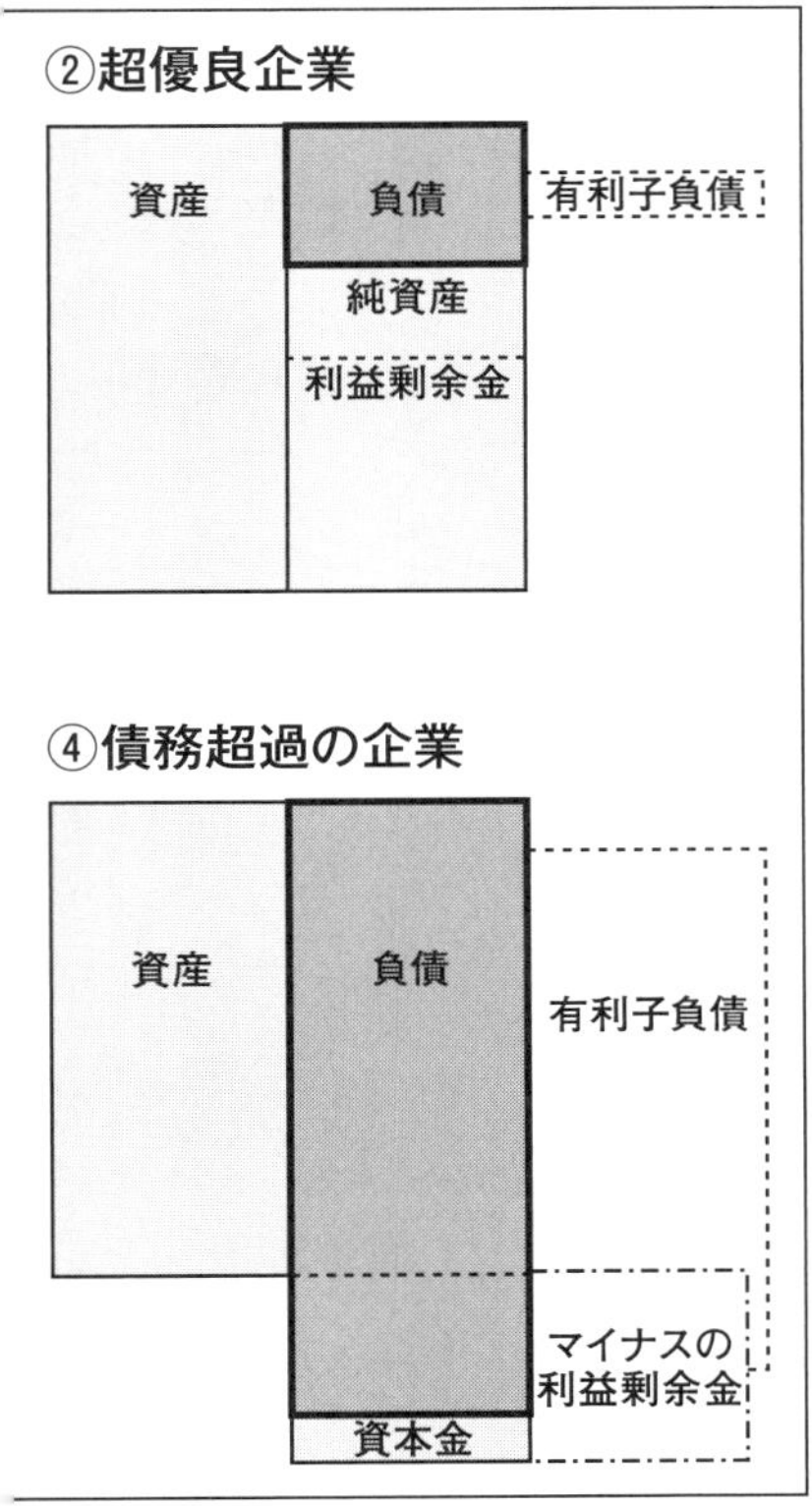

図表1-2-2
BSを図にすれば
会社の状態が一目瞭然

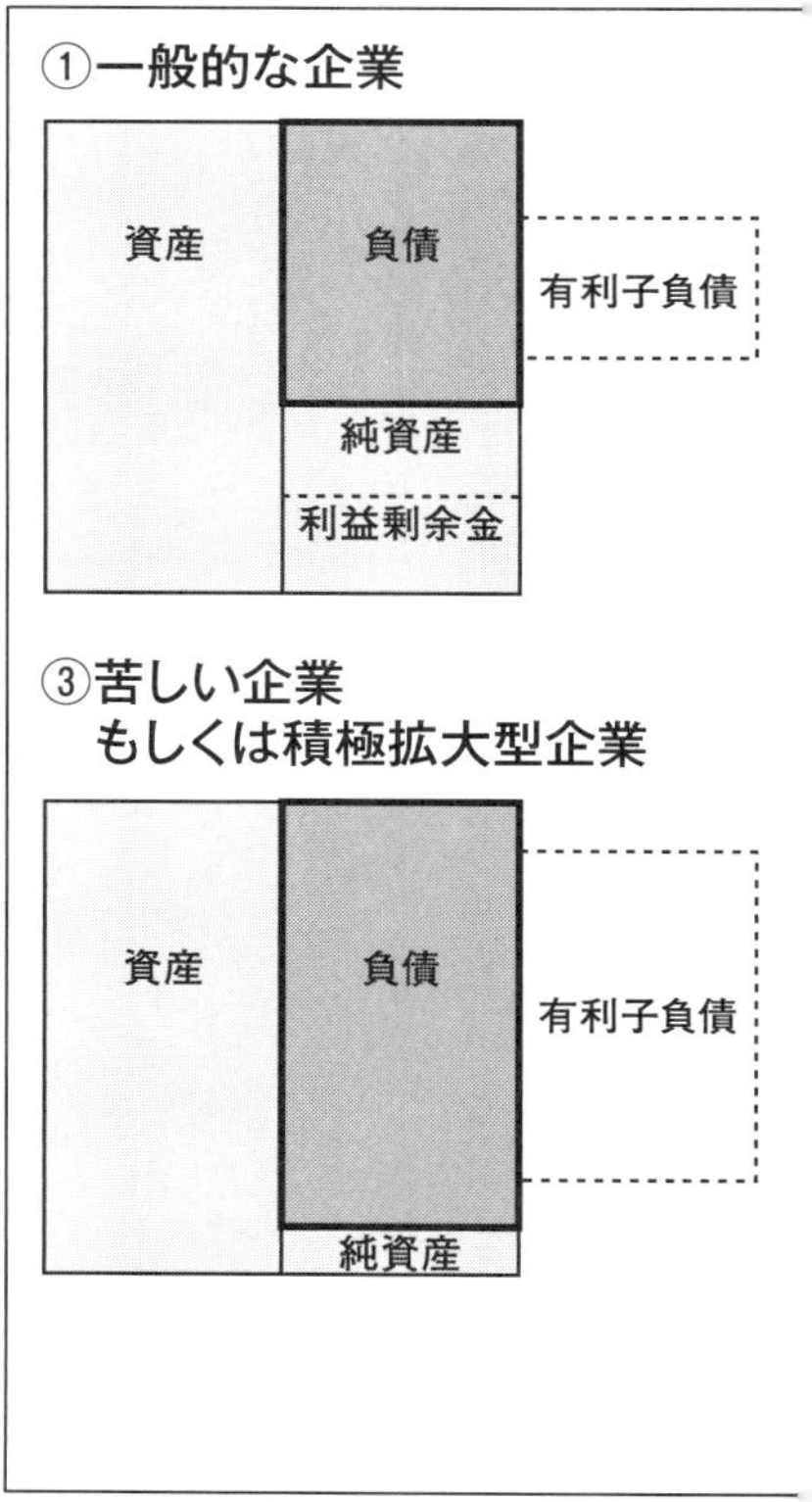

ます。有利子負債も少ないのが一般的です。

③は経営が苦しい企業、もしくは積極拡大型の企業の例です。経営が苦しい企業は赤字が続いています。赤字が続いているとマイナスの数字で利益剰余金が積み上がります。マイナスの数字で利益剰余金が積み上がるとは、純資産の部をそれだけ食いつぶしている形になります。よって純資産の部は極めて少額です。一般的にそういう会社は現金が足りなくなってきていますから、莫大な有利子負債があります。

ただ、このように純資産の部が少なく有利子負債が大きい会社でも、優良な企業はあります。比較的社歴が浅く、Ｍ＆Ａで急拡大しているような会社です。携帯電話業界でいえば、ボーダフォンの日本法人を買収して急拡大しているソフトバンクのＢＳは③のような形になっています。

④は債務超過の会社です。債務超過とは、ただ借金の額が多い会社のことを言うのではありません。④のように、資産より負債の方が大きくなっている状態の会社のことを言います。この図を見て、「あれ？　ＢＳは常に左右が一致するんじゃなかったっけ？　なぜ、ＢＳの右側が下に突き抜けているんだろう？」と思われた方もおられるでしょう。図に書くとＢＳの右側が下に突き抜けていますが、数字的には左右の合計は一致しています。

これは少し説明しておきましょう。

ＢＳの右下を見てください。「マイナスの利益剰余金」と書いてあります。つまり、毎期赤字を出して、多額の利益剰余金がマイナスの額で積み上がっているわけです。このマイナスの額の利益剰余金が資本金だけでなく負債の部も食いつぶしている状況です。ＢＳの右側は、負債に資本金を足した額にマイナスの利益剰余金を加えれば金額としてはＢＳの左側の資産の額と一致しているわけです。

債務超過に陥っている会社に、基本的に金融機関はお金を貸しません。当然です。④の会社が保有していた資産（ＢＳの左側）をＢＳに書かれていた数字どおりの額で売却でき、すべての資産が現金になったと考えてください。会社のすべての資産の価値であるこの現金をもってしても、現在借りている借金さえ返済できないのです。現在借りている借金さえ返済できない会社に、特別な理由がない限り金融機関がお金を貸すことはありません。

このように、ＢＳの形を見れば会社の状態がわかるのです。

(3) 財務諸表には経営者の意思が表れる

前述したように、私たちは財務諸表から経営の効率や会社の実態を読み取ることができます。さらに、経営の効率や会社の実態だけでなく、財務諸表には経営者の意思が表れると言っていいでしょう。34・35ページの**図表1-2-3**は、ハンバーガーチェーン最大手マクドナルドを運営する日本マクドナルドホールディングス株式会社と、牛丼のすき家を運営する株式会社ゼンショー（現・株式会社ゼンショーホールディングス）のＰＬとＢＳを同じ縮尺で図にしたものです。

一番金額が大きい２０１１年３月期のゼンショーの売上高を基準にして、すべて同じ縮

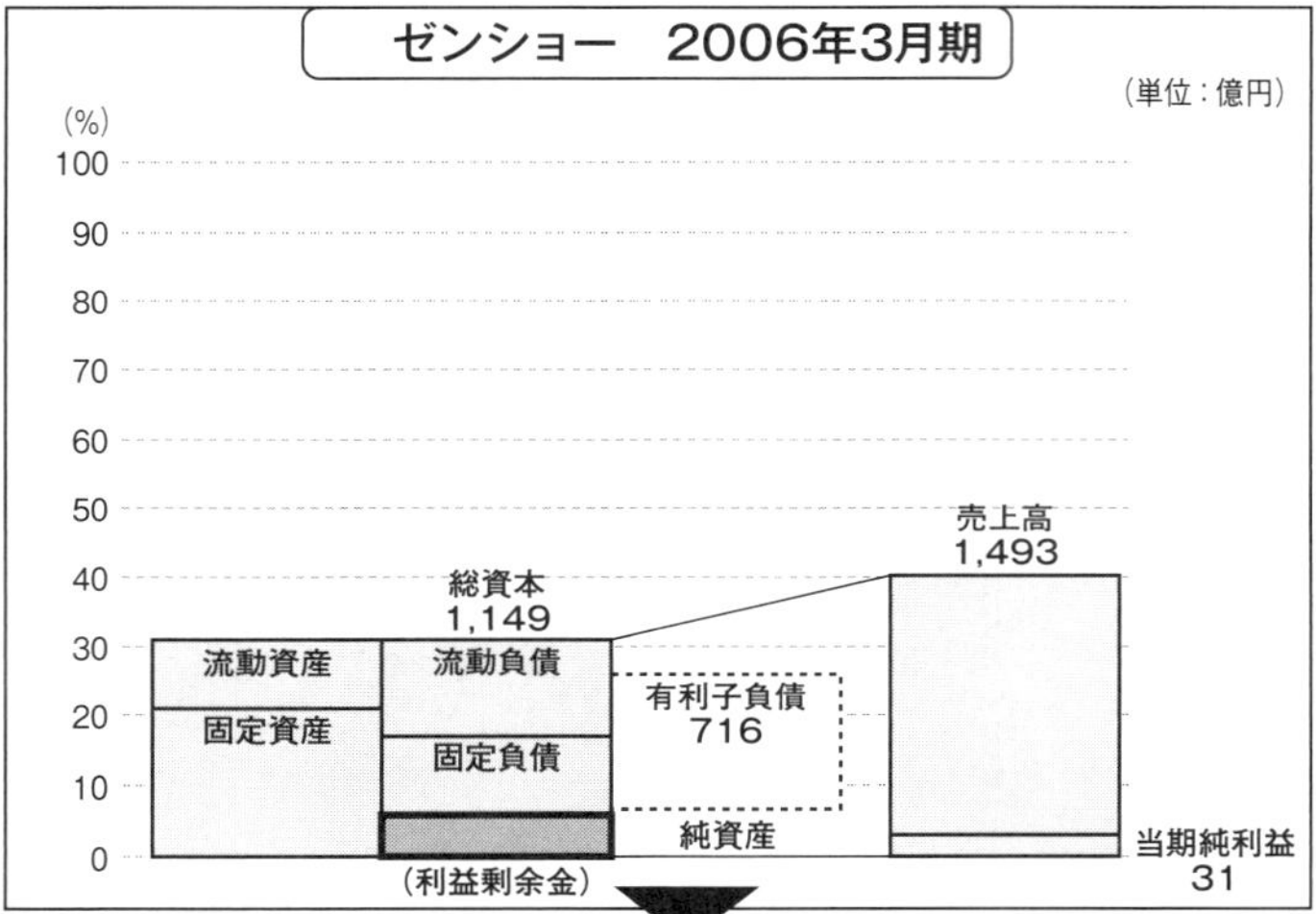
ゼンショー　2006年3月期
（単位：億円）
（%）
100
90
80
70
60
50
40
30
20
10
0
総資本
1,149
流動資産
固定資産
流動負債
固定負債
有利子負債
716
純資産
（利益剰余金）
売上高
1,493
当期純利益
31

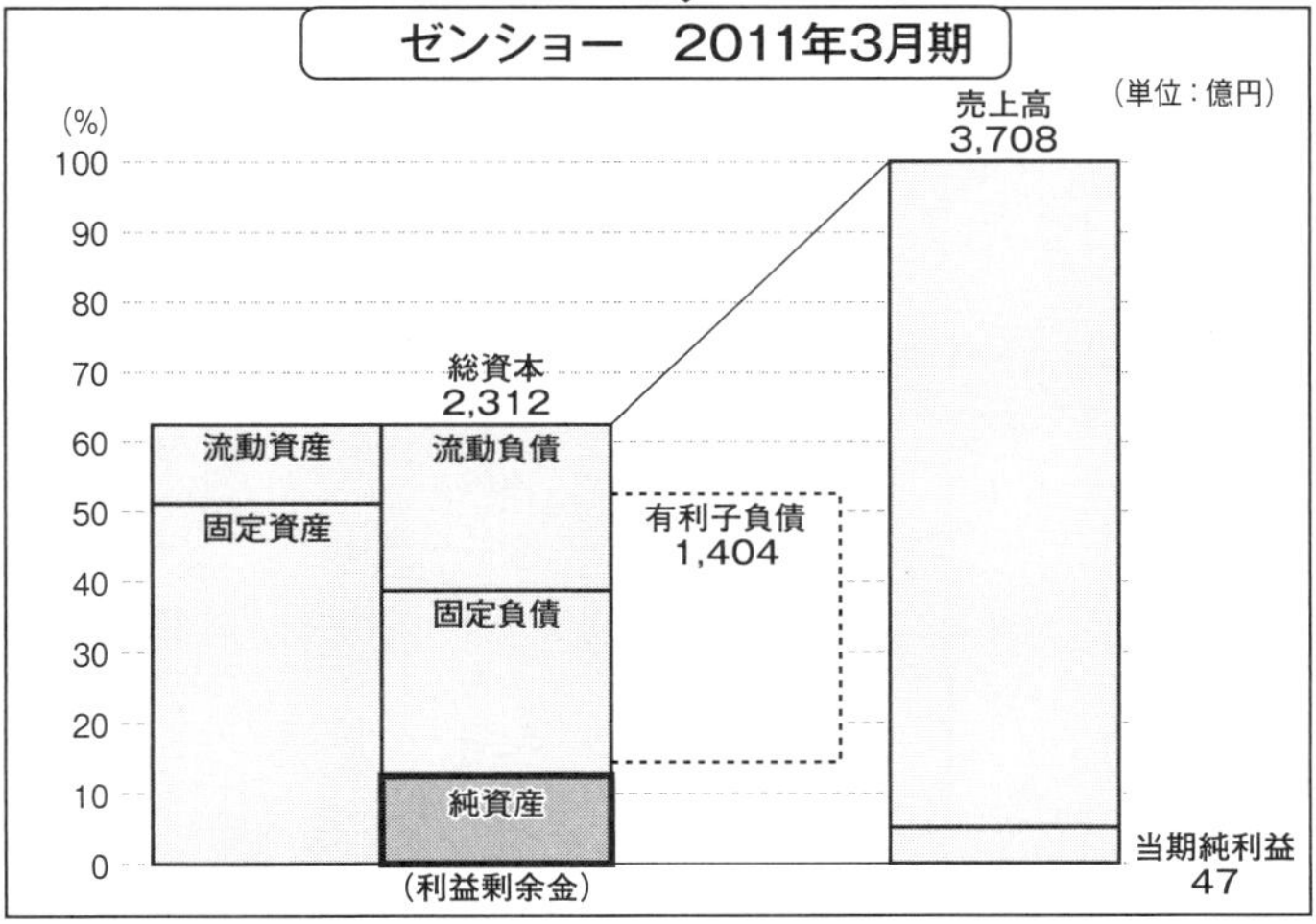
ゼンショー　2011年3月期
（単位：億円）
（%）
100
90
80
70
60
50
40
30
20
10
0
総資本
2,312
流動資産
固定資産
流動負債
固定負債
有利子負債
1,404
純資産
（利益剰余金）
売上高
3,708
当期純利益
47

図表1-2-3　マクドナルドとゼンショーのPLとBS

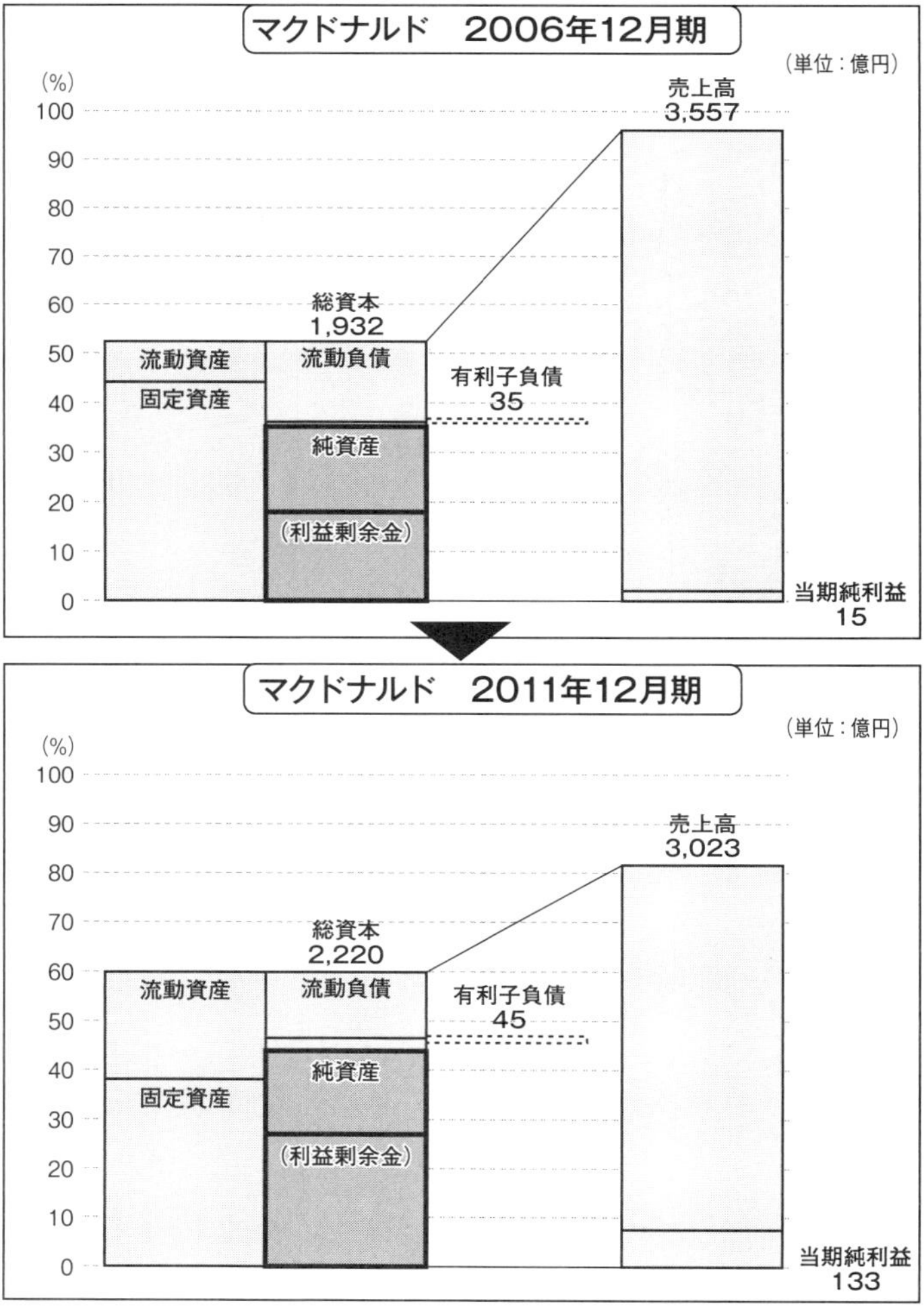

尺で作図しています。各社とも右側がＰＬ、左側がＢＳです。このように、ＰＬとＢＳを図にすると会社の戦略が明瞭になってきます。ゼンショーは、この5年の間に売上高も総資産も急拡大しています。

実はゼンショーという会社は牛丼のすき家を運営しているだけでなく、私たちがよく知っているフードチェーンがゼンショーグループの傘下に入っています。ビッグボーイ、ココス、なか卯、華屋与兵衛などすべてゼンショーグループです。どうやって傘下に収めたのか。これはＢＳを見れば一目瞭然です。ＢＳの右側に点線で示しているのが有利子負債です。有利子負債とは会社の借金のことでした。ゼンショーは莫大な借入金でこれらの企業の株式を取得して傘下に収めたのです。

では、マクドナルドの方は何が変わっているでしょうか。売上高はこの5年間に15％程度減っています。ところが、利益率は極端に良くなっています。マクドナルドはゼンショーとは違い、規模の拡大を追わず利益重視戦略をとっています。具体的には直営店を減らしてフランチャイズを増やしてきています。直営店を減らせば、日本マクドナルドホールディングスという会社の売上高は減りますが、フランチャイザーとしての指導料収入が増えます。指導料はコンサルティング・フィーのようなもので費用はほとんどかかりませんから、利益率が高まるのです。

このように、財務諸表には経営の効率や会社の実態だけでなく、経営者の意思、つまり企業の戦略が如実に表れます。会社の状況を数字で表すのが財務諸表ですから、考えてみれば当たり前のことですね。

ドラッカーのヒント

2 複式簿記会計を超えるマネジメント・ツールはない

これまで企業会計という言葉を使ってきましたが、説明してきたのは複式簿記会計のことです。複式簿記会計とはすべての取引を二つの視点（複式）から眺めて帳簿に記帳していく簿記の方法です。簿記とは帳簿に記帳するという意味です。

これに対して、私たちが子供のころから見てきたお小遣い帳や家計簿のことを単式簿記の帳簿と言ったりすることがあります。単式とは一つという意味で、すべての取引を一つの視点（単式）で帳簿に記帳していく簿記の方法です。つまり、すべて現金の出入りという「一点」で帳簿に記帳していくわけです。

この単式簿記の方法で作られた帳簿が、現金の出入りを表す収支計算書です。収支計算書は実際の現金の出入りを表しているので理解しやすい表ですが、残念ながら収支計算書だけでは企業の資産や負債の状況まではわかりません。

ドラッカーは、マネジメントの科学と言えるものは複式簿記会計とそこから派生した手法しかないと言います。複式簿記会計のシンプルさ、正確さ、実用性に太刀打ちできるマネジメント・ツールはないと断言し、複式簿記会計を高く評価しています。

ところで、昨今のドラッカー・ブームでドラッカーファンが急に増えたようですが、ドラッカーが言う「強みを活かせ」という言葉を誤解している人も同じように増えているように思います。例えば、次のようなことを言う人は、ドラッカーの真意を理解していません。

「ドラッカーも『強みを活かせ』と言っている。私は会計が苦手だから会計の勉強なんかしないよ」

確かにドラッカーは「強みを活かせ」と言っていますが、それは持って生まれたもの、もしくは幼少期に形づくられた与件のようなもののことを意識しています。ドラッカーは「強みを活かせ」と言うと同時に、次のように言っています。人事部門の人は会計を知らないし、会計部門の人は人間について知らなすぎる。自らの強みを発揮する上で必要な技能や知識は当然身につけなければならない。外国語や経済学や数学の知識はだれでも学べる。もし成果をあげる上で外国語や会計の知識が必要なら当然それは勉強すべきである。

ドラッカーの言う強みとは技能や知識のことではなく、その人に本来備わっている特徴的な強みのことなのです。

これからの日本のビジネスは、どの業界もどんどんグローバル化していきます。そこで生き抜いていかなければならないビジネスパーソンにとって、英語と会計は必須のスキルとなるでしょう。それらのスキルが皆さんの成果をあげるために必要なら、当然学び、身につけなければならないのです。

3　財務諸表で事業再生案を考える

（1）まずはＰＬから手を打つ

第1章のタイトルである「会計を通して、ビジネス全体を俯瞰しコントロールする」という意味合いから、財務諸表を現場で活かす最適な場面は事業再生案や経営改善策を練る場合です。

「事業がうまくいかなくなっている」というときは、利益が出なくなっていたりキャッシュが回らなくなっていたりすることを指す場合が多いでしょう。この対策をどう立てていくか。あまりにも多くの要因がありすぎて、何から手を打っていけばいいのかわからず混乱しがちですが、財務諸表で事業全体を視野に入れながら考えると頭が整理できます。

本当に事態が切迫している場合は、早急に利益が出る形にしなければなりません。「人事制度を変えて、従業員のモチベーションをあげていきましょう」とか「研究開発組織を見直して、商品の開発体制を整えましょう」などと、悠長なことを言っている暇はありません。

ＰＬとＢＳに事業の実態が表されているわけですが、まず注目するのはＰＬです。利益を増やすための方法論は、ロジックツリーを使えばスッキリ整理できます（図表1-3-1）。利益を増やすには収益を増やすか費用を減らすかしかありません。ロジックツリーに示されているように、収益とは「売上高」と「営業外収益」と「特別利益」の３つです。費用は「売上原価」「販売及び一般管理費」「営業外費用」「特別損失」「法人税等」の５つです。

実はこの利益対策の中で、売上高を上げること、ドラッカーの言葉を借りれば「顧客が欲しがる商品やサービスを、顧客が自らすすんで支払う価格で供給すること（supply goods and services desired by the customer at a price the customer is willing to pay）」こそが、企業が注力しなければならないことです。それには日々の努力や工夫の積み重ねが必要です。利益があがらなくなっている企業は、長きにわたって本来やるべきことを行ってこなかったわけですから、利益が出なくなったからといって売上をすぐに改善できるはずがありません。それができるのなら、事態が深刻になる前に手を打てていたはずです。何がしかの手を打って売上があがるようにするためには、時間がかかります。売上を増や

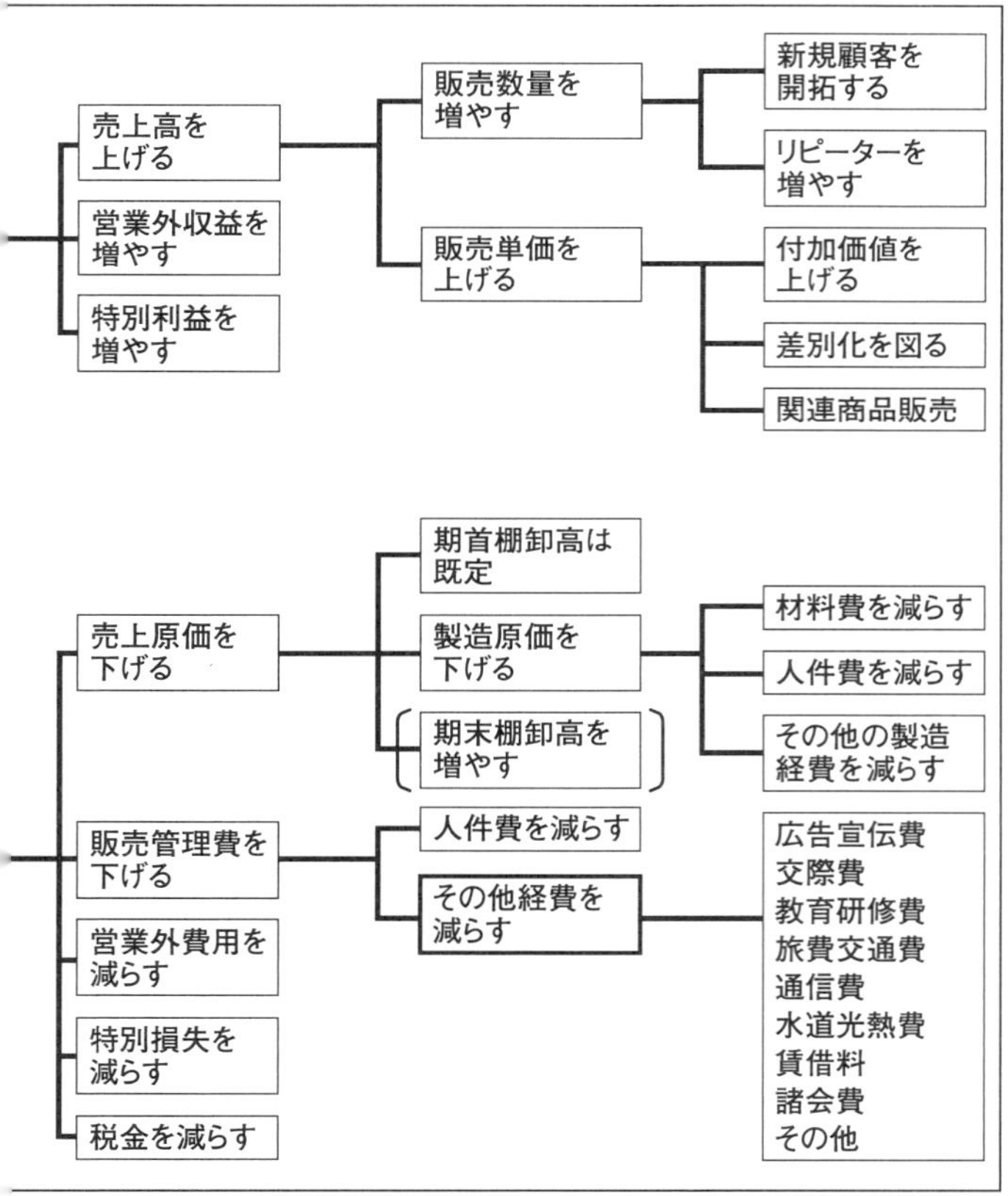
売上高を上げる
営業外収益を増やす
特別利益を増やす
販売数量を増やす
販売単価を上げる
新規顧客を開拓する
リピーターを増やす
付加価値を上げる
差別化を図る
関連商品販売
売上原価を下げる
販売管理費を下げる
営業外費用を減らす
特別損失を減らす
税金を減らす
期首棚卸高は既定
製造原価を下げる
期末棚卸高を増やす
人件費を減らす
その他経費を減らす
材料費を減らす
人件費を減らす
その他の製造経費を減らす
広告宣伝費
交際費
教育研修費
旅費交通費
通信費
水道光熱費
賃借料
諸会費
その他

図表1-3-1
利益対策のロジックツリー

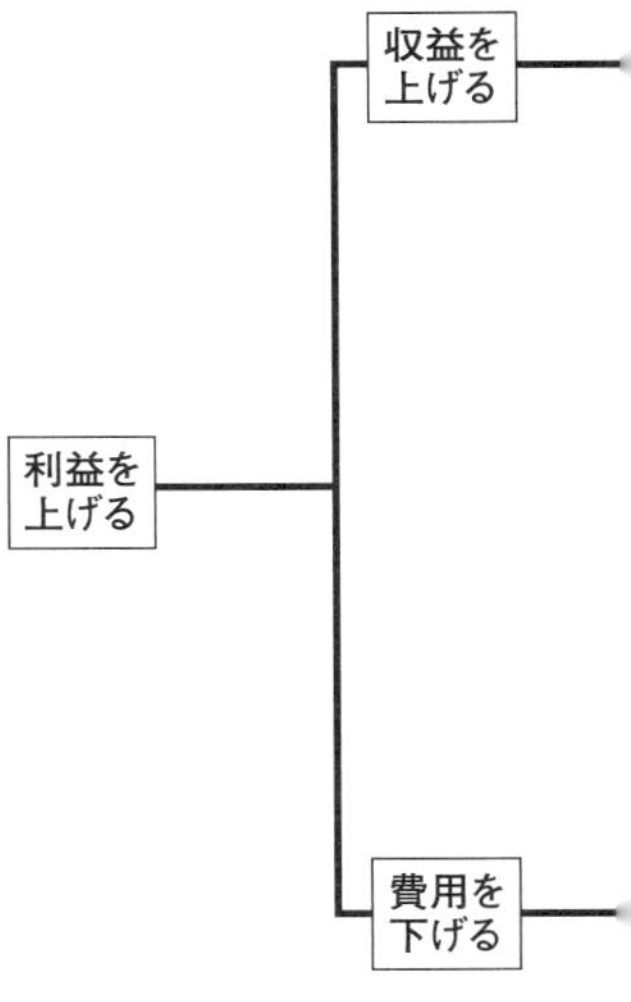

すための企業の姿勢については、104ページからの〈ドラッカーのヒント⑤〉で詳しく説明しています。

　短期間に売上を増やすのが難しいとすると、利益を増やすために残る手立ては一つしかありません。費用を減らすことです。しかし、この費用の中にも削減が困難なものがあります。例えば、小売業における売上原価。これは売上の増減によって自動的に決まってくるものであり、仕入先との価格交渉をしない限り下げられないものです。営業外費用の中に出てくる借入金に対する支払利息も、基本的には減らせません。

　企業が独自にコントロールできる費用で、経営に即座に大きな悪影響を与えないものは、

図表1-3-1の太線で示している「その他経費を減らす」の中の広告宣伝費、交際費、教育研修費、旅費交通費、通信費などです。このような項目を統制可能経費と呼んだりすることがあります。簡単に統制することが可能な費用という意味です。経営が苦しい状況なら、これらの経費は即座に削減しなければなりません。

しかし、これらの費用は全体の費用からいえば比較的少額のものです。売上原価を除けば企業の費用の中でかなりのウエートを占めるのは一般的に人件費です。ですから、経営改善を進めようとすればどうしても人の問題に直面するのです。

会社が危機的な状況になれば、後述する債務の返済免除や債務の返済計画の見直し（リスケ：リスケジュール＝reschedule の略）を金融機関にお願いしなければならなくなります。他人に無理なお願いをするのであれば、まず自らが身を切る必要があります。ですから事業再生は、経営陣の入れ替えや役員報酬の大幅削減→人員削減や従業員の給与カット→財務リストラ（借金の返済免除やリスケ）、の順に進んでいくのです。

(2) 次にBSの左側に手を打つ

ＰＬの中でできることをやったら、次はＢＳです。ＢＳの左側を見て事業に直接関係な

図表1-3-2　BSの左側に着目

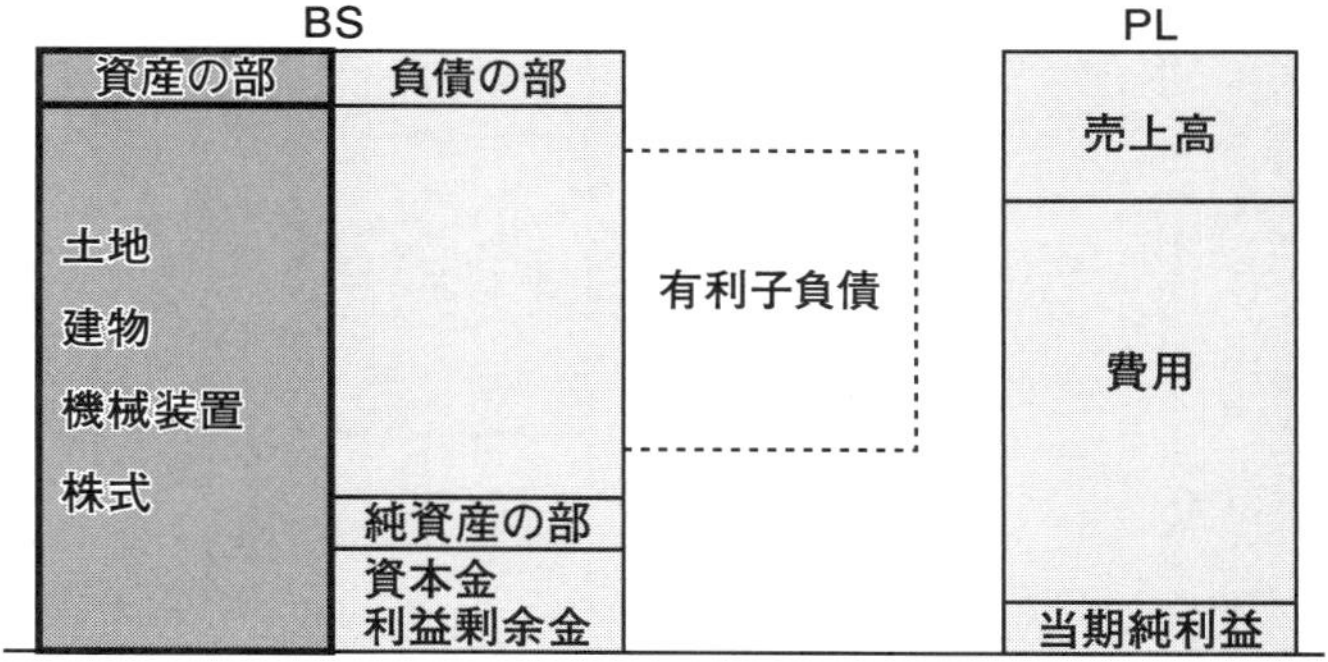

い固定資産を売却します（図表1-3-2）。事業に直接関係ない株式なども、いの一番に売却すべきものでしょう。資産が売却できれば、その売却代金で借金が返済できます。借金が減れば支払利息が減り、利益が改善します。また、自社ビルを売却し事務所を借りた方が経営的に効率がよい場合もあります。

さらに、不採算事業の分社化や売却なども視野に入れる必要があるかもしれません。不採算の事業を分社化したら、分社した方の会社はいいが、分社された方の会社はどうなるのだろうと思われる方もいらっしゃるでしょう。私の経験からいえば、分社された不採算の会社も黒字になる場合が少なくありません。それは、主に分社された会社の経営者と従業員の意識が変わるからです。大き

図表1-3-3　BSの右側をどうするか

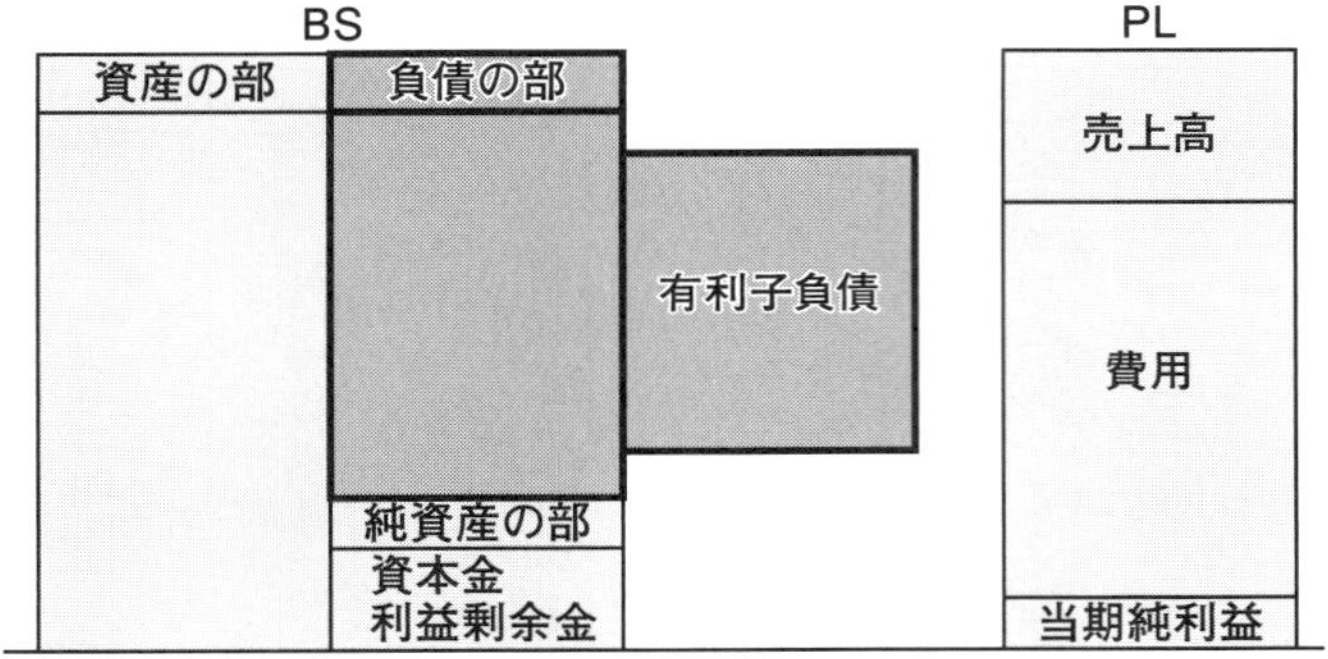

な組織の一部門であれば、その部門が赤字になろうがキャッシュが足らなくなろうが、その部門の構成員にはたいした緊迫感もない場合が多いのですが、独立会社になれば、赤字になったりキャッシュが足りなくなったりすれば、会社はそれで終わりです。緊張感が違うのです。

(3) BSの右側にも手を打つ

BSの左側に手を打ったら、次はBSの右側です。つまり、借金の削減です（図表1-3-3）。

調子が悪くなっている企業でよくあるケースは、営業キャッシュフローはわずかにプラスなのに財務キャッシュフローが大幅なマイナスで、キャッシュが続かなくなっているというパターンです（図表1-3-4）。

営業キャッシュフローがプラスということは、営業活動で現金が増えていることを意味します。ＰＬも黒字になっている場合が少なくありません。財務キャッシュフローが大幅なマイナスとは、一般的に借金の返済のために莫大なお金が出ていっていることを意味します。

図表1-3-4
借金が多くて経営がおかしくなっている会社のCS

営業キャッシュフロー	わずかに	＋
投資キャッシュフロー	ほとんど	0
財務キャッシュフロー	大幅な	−

『財務3表一体理解法』で何度も指摘したように、借入金の元金部分の返済額はＰＬには表れません。ＰＬに表れるのは支払利息のみです。そのため、かなりの額の借金をしていても、ＰＬは黒字のままの会社が多いのです。しかし、営業キャッシュフローのプラスの額がわずかばかりであれば、借金返済のためのキャッシュが足りなくなってしまうのです。

ただし、一般の企業が「借金が多すぎて経営が苦しくなっているので借金を帳消しにしてください」と言っても、「ハイ、わかりました」と言ってくれる金融機関はありません。債務免除が行われるのは非常に特殊なケースです。一般的には債務返済ができなくなったら、返済期間を長くして毎年の返済額を減らす債務の返済計画の見直し（リスケ）を申請します。

また、ＤＥＳ（Debt Equity Swap）という方法がとられることもあります。ただし、これは特殊な例です。これはDebt（債務）とEquity（資本）をSwap（交換）するという方法です。日本語では「債務の株式化」と呼ばれています。企業側としては借金が資本金に換われば返済義務がなくなるので、キャッシュフローが大幅に改善し事業再生がやりやすくなります。

金融機関側としては利息収入や現金返済分のお金が入ってこなくなるのでメリットがないようにも思えますが、債権はなくなるもののそれが株式として残ります。金融機関としては借金の棒引きである債権放棄よりはまだましな処理なのです。そして、もし企業がＤＥＳにより立ち直ることができれば、将来は配当を受け取ることもあるでしょうし、持っている株式を売却して利益をあげられるかもしれないのです。

もし、強力に支援してくれる株主がいるのであれば、株主から増資をしてもらってそのお金で借金を返済するという道もあります。三菱自動車工業はグループ会社の三菱重工業、三菱商事、東京三菱銀行（現・三菱ＵＦＪ銀行）の３社から総額７５００億円規模の資本注入をしてもらったことがありました。

図表1-3-5　BSの左右を見てキャッシュフローを改善する

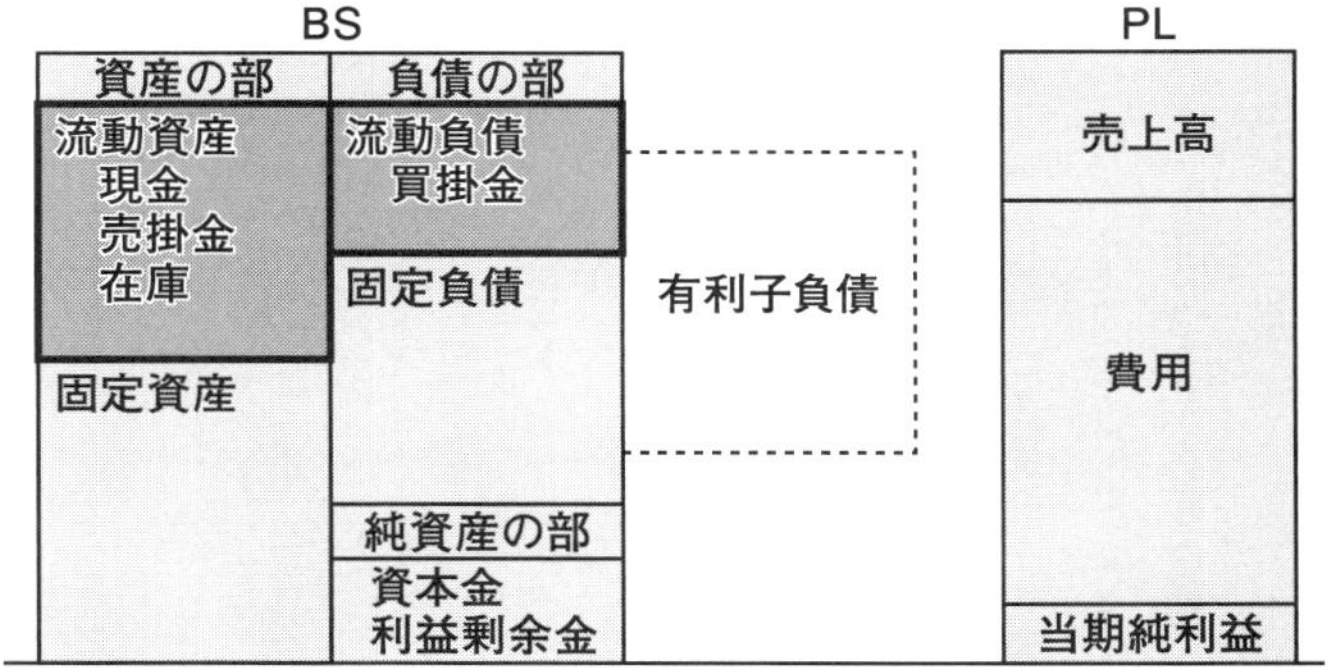

この三菱自動車工業やＪＡＬの事業再生プロセスを見ると、基本的なパターンは、経営陣の交代や役員報酬の大幅な減額→人員削減及び給料カットを含む費用の削減→資産売却→負債の処理、といった順番に進んでいったことがわかります。

（4）BSの左右を見てキャッシュフローを改善する

事業再生案の最後に、ＢＳの左右を見てキャッシュフローを改善することについて説明しておきましょう。見るべきところは、ＢＳの流動資産と流動負債です（図表1-3-5）。

事業再生を考える場合に、ＰＬの赤字を黒字に転換させることは大切ですが、重要なのはキャッシュフローです。特に営業キャッシュフロ

図表1-3-6
タイミングのマネジメント

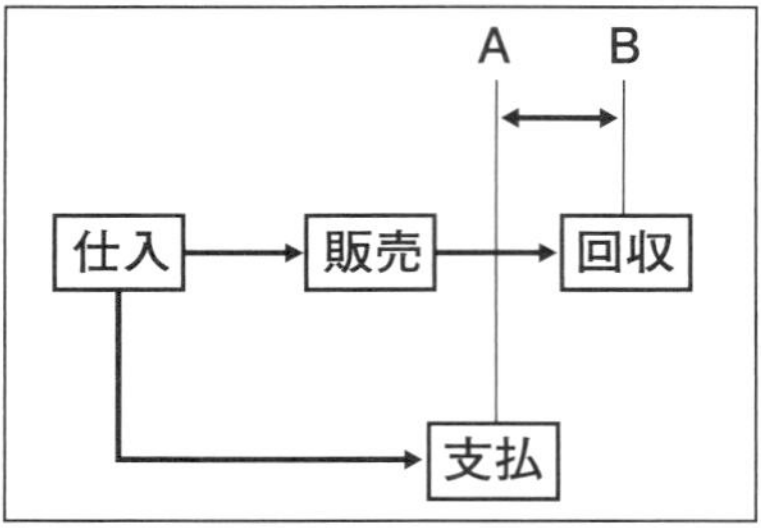

ーがマイナスになっている会社、つまり営業活動で現金が増えていない会社は、いくら財務リストラを進めても最終的な事業再生はできません。

営業キャッシュフローをプラスにするには売上を増やして費用を減らすことが第一ですが、BSに表れる項目に注目して営業キャッシュフローを改善することを考えておく必要があります。

図表1-3-6のように、商売は仕入をして販売をします。世の中のほとんどの商売は掛け商売ですから、現金の動きでいえば、仕入代金はしばらくしてから支払われ、販売代金もしばらくしてから回収されます。現金の動きからいえば、A地点で現金が出て行き、B地点で現金が入ってきます。

短期のキャッシュフローを改善するには、できるだけA地点を遅らせてB地点を早めればよいわけです。A地点からB地点の間がお金が足りなくなる期間ですから、この期間が短くなればなるほど借入が必要な期間も短くなります。A地点よりB地点の方が先にくれ

図表1-3-7　簡単にPLとBSとCSで表した図

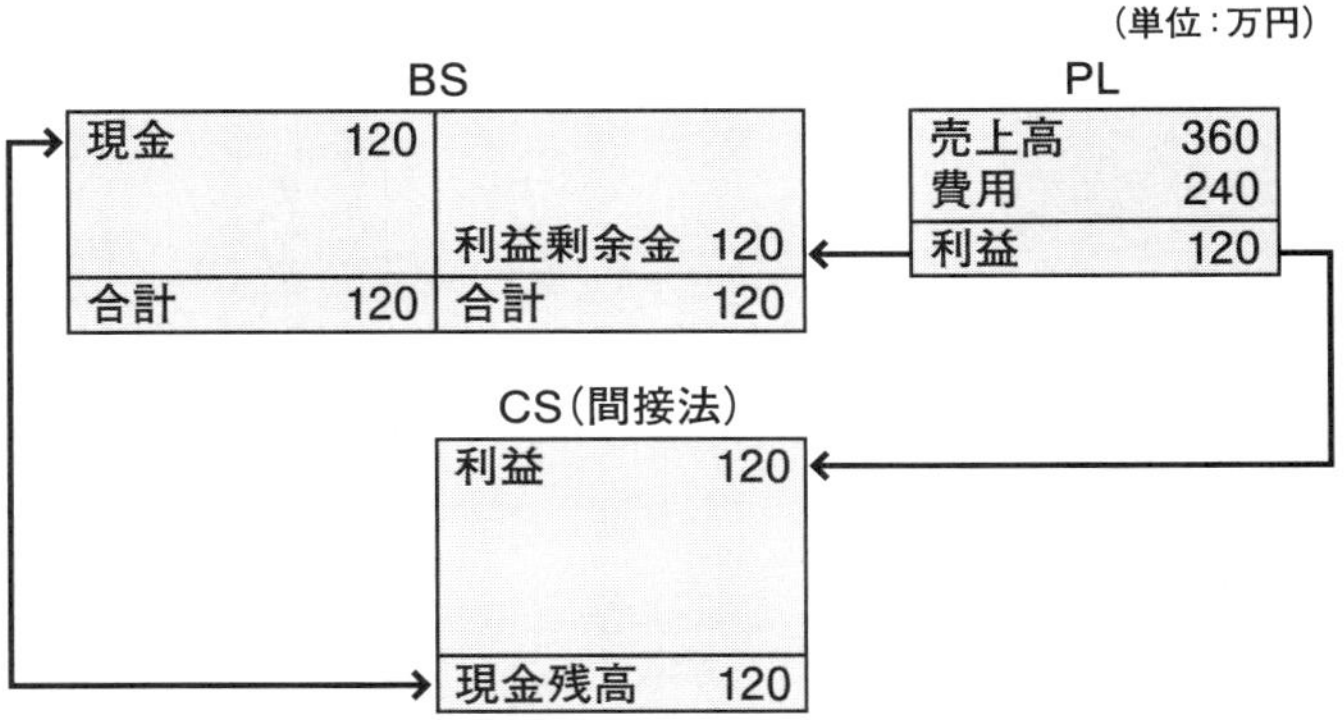

ば、借入の必要さえなくなります。

このことをＰＬとＢＳとＣＳの関係で説明しておきましょう。図表1-3-7を見てください。必要な数字だけ記入しています。

仮に年間３６０万円の売上をあげ、費用が年間２４０万円で利益が１２０万円の会社があったとします。売上も費用もすべて現金取引だったとすれば、いま会社には１２０万円の現金があります。ＰＬの利益がＢＳの利益剰余金とつながっているので、ＢＳの右側は、自社で稼いできたお金が利益剰余金として１２０万円積み上がっています。それは現金の形で会社の中にありますから、ＢＳの左側は現金が１２０万円になっています（ここでは資本金などは無視しています）。ＣＳは間接法で表しています。間接法ＣＳはＰＬの利益を起点にして現金の額を計算するものですが、ここではすべて現金取引なので利益の１２０万円がそのまま現金残高の１２０万円になっていて、それがＢＳの現金１２０万円と一致しています。

この図の関係がわからない方は、拙者『財務３表一体理解法』をお読みいただくか、本書１１０ページからの第2章第1節「収支計算書だけでは起業できない」を参照してください。

ここで、全く同じ商売をしている別の会社で、売上も利益も同じですが年間の売上高の３６０万円のうち、３カ月分にあたる90万円の代金が期末にまだ回収されていない会社のことを考えてみましょう。他の売上や費用は、すべて現金取引だったとします。

ＰＬはその期の正しい利益を計算する表ですから、売掛による90万円の売上もその期に計上され、利益は１２０万円のままです（図表1-3-8）。しかし、売掛金の90万円はまだ回収されていないので、現金商売の会社に比べて保有している現金は90万円少なくなり、ＢＳの左側の現金は30万円になっています。そして、まだ回収されていない売掛金の90万円がＢＳの左側に資産として計上されています。

間接法ＣＳにも、この現金の動きが表されています。間接法ＣＳは、ＰＬの利益額を起

図表1-3-8　売掛金がある場合のPLとBSとCS

（単位：万円）

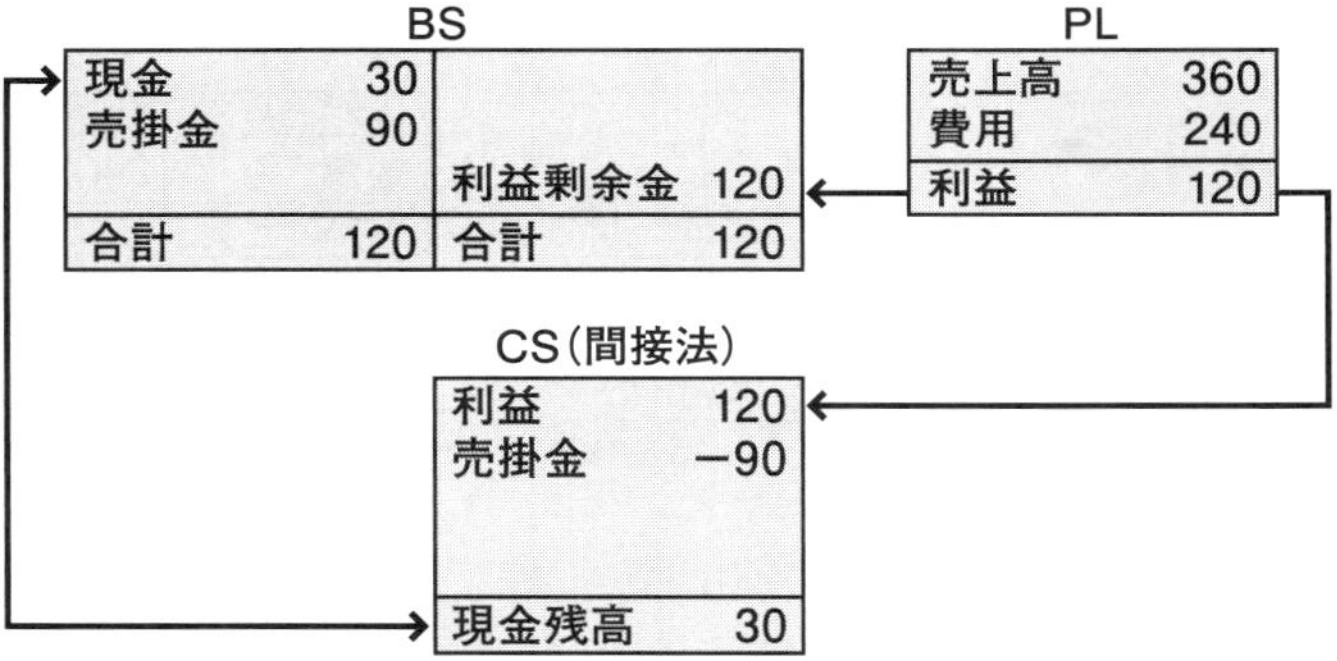

BS
現金 30
売掛金 90
利益剰余金 120
合計 120
合計 120
PL
売上高 360
費用 240
利益 120
CS（間接法）
利益 120
売掛金 −90
現金残高 30

点にして実際の現金の動きを計算する表です。

もし、ＰＬの売上高の３６０万円と費用の２４０万円がすべて現金取引であれば、この会社には現金が１２０万円（＝３６０万円－２４０万円）あることになります。しかし、今回は売掛金の90万円はまだ回収されていないわけですから、すべて現金取引の会社にくらべて現金は90万円分少なくなっているはずです。

このことは間接法ＣＳに表されています。利益額の１２０万円を起点にして、現金がまだ回収されていない売掛金分の90万円を引き戻すことにより、この会社の現在の現金が30万円であることが計算されているのです。これが間接法ＣＳにおいて、売掛金（売上債権）が増えればマイナスの数字が記入される理由です。

図表1-3-9　売掛金の回収期間が短くなった場合のPLとBSとCS

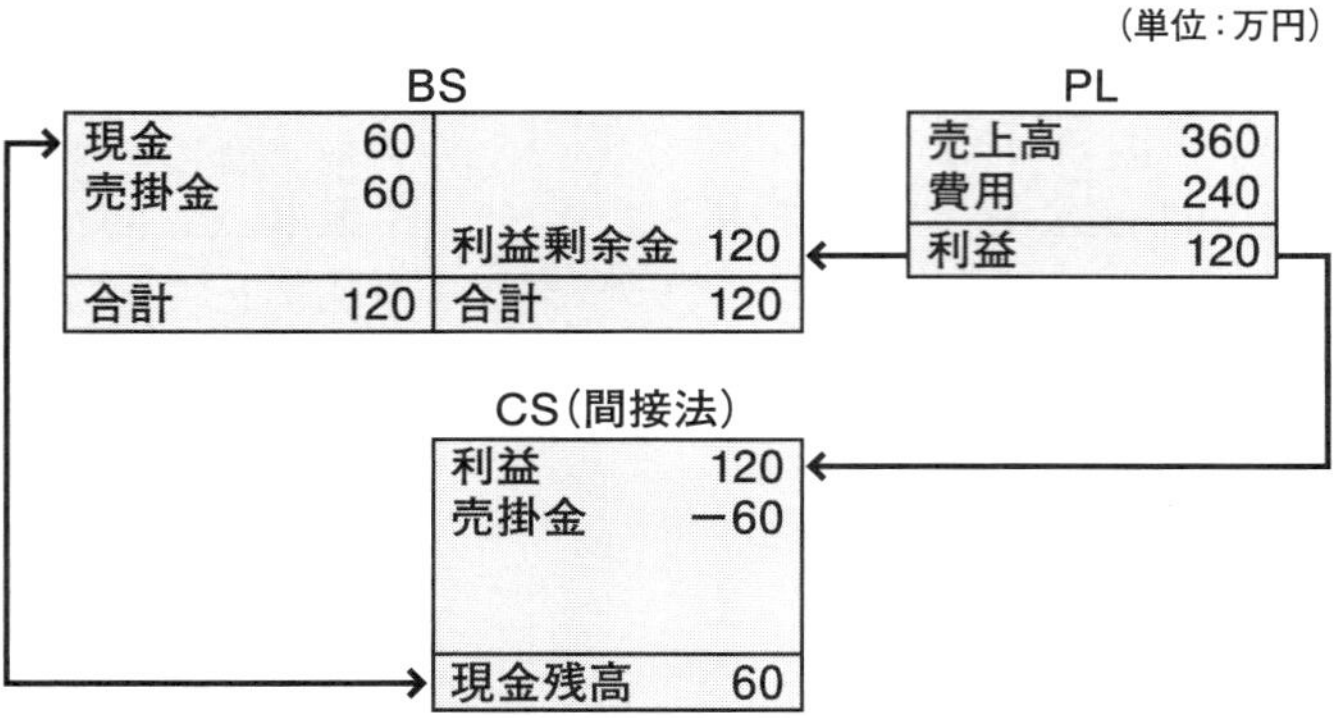

現金	60		
売掛金	60		
		利益剰余金	120
合計	120	合計	120

売上高	360
費用	240
利益	120

利益	120
売掛金	−60
現金残高	60

このことからわかるように、売掛金の回収期間が長くなれば会社の現金は少なくなります。逆に、売掛金の回収期間を短くすれば、会社の現金は増えてくるのです。もし、この会社の売掛金の回収期間が3カ月ではなく2カ月になれば、期末時点で回収していない3カ月分の売掛金90万円は、2カ月分の60万円だけになります。回収期間が1カ月減れば、現金は30万円増えるのです。これを表しているのが図表1-3-9です。

買掛金は、逆に考えればよいわけです。当期に仕入れた費用は、現金の支払いがあろうがなかろうがPLには計上します。ただ、例えば2カ月分の仕入代金が後払いでよいのなら、仕入をすべて現金取引にしている会社より、その期

図表1-3-10　買掛金がある場合のPLとBSとCS

（単位：万円）

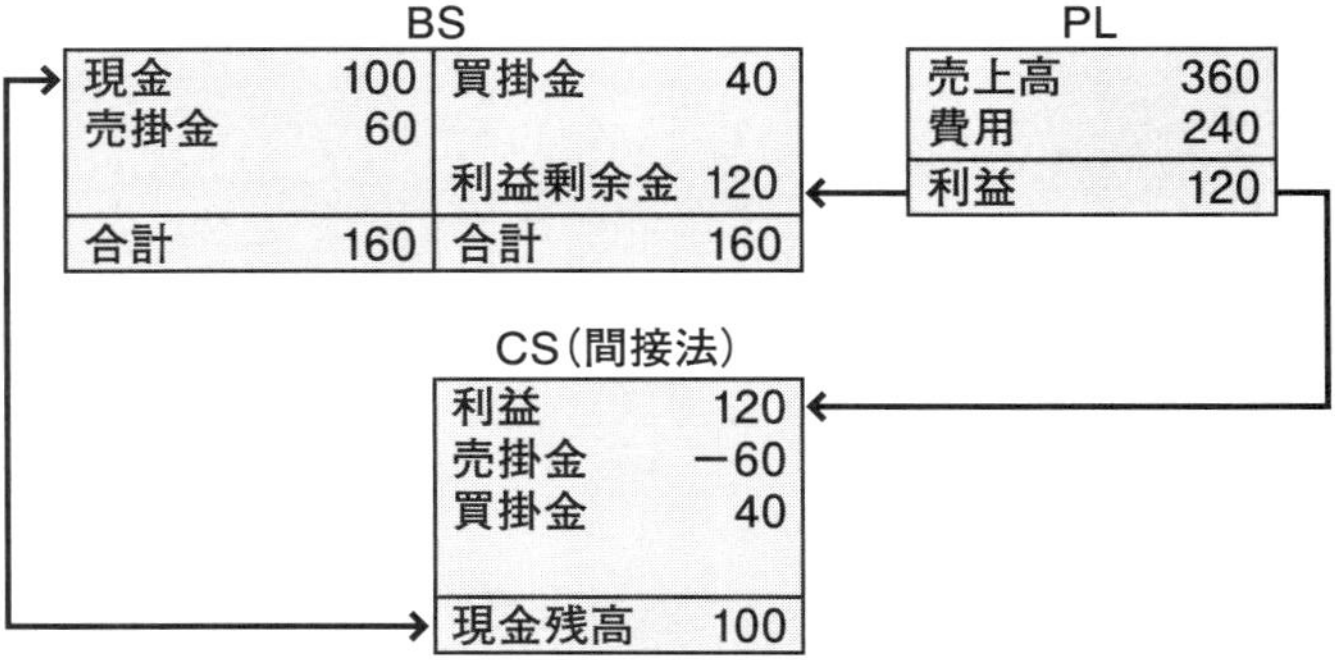

BS			
現金	100	買掛金	40
売掛金	60		
		利益剰余金	120
合計	160	合計	160

PL	
売上高	360
費用	240
利益	120

CS（間接法）	
利益	120
売掛金	-60
買掛金	40
現金残高	100

における現金の支払額は2カ月分少なくて済みます。つまり買掛金が増えれば増えるほど、現金商売に比べれば会社に現金が残っていくことになるのです。

図表1-3-9と同じように2カ月分の売掛のある会社の例で、仕入がすべて現金仕入ではなく2カ月分の40万円分だけ買掛の仕入であった場合を示したのが**図表1-3-10**です。

図表1-3-9と比べると、BSの右側に買掛金が40万円計上され、BSの左側は現金が40万円増えて100万円になっています。PLは現金仕入であろうが買掛の仕入であろうが費用に変化はありませんから、利益も変化ありません。ただ間接法CSの方は、この変化がない利益を起点にして、現金取引の商売と比べてまだ仕入

図表1-3-11　在庫を持った場合のPLとBSとCS

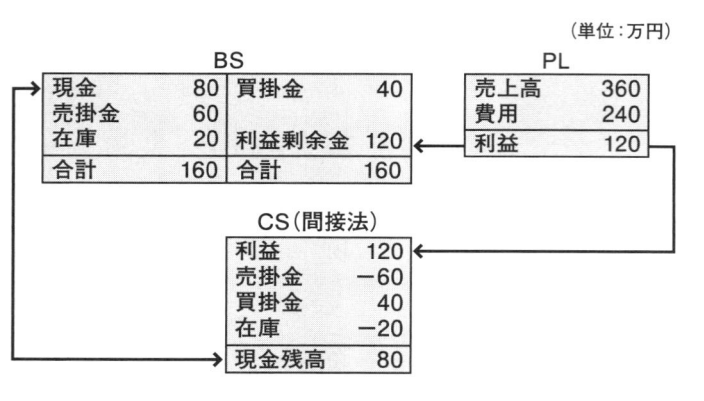

（単位：万円）

BS

借方		貸方	
現金	80	買掛金	40
売掛金	60		
在庫	20	利益剰余金	120
合計	160	合計	160

PL

売上高	360
費用	240
利益	120

CS（間接法）

利益	120
売掛金	−60
買掛金	40
在庫	−20
現金残高	80

代金の40万円を支払っていないわけですから、買掛金分の40万円を足し戻しておかなければなりません。これが間接法CSで、買掛金（仕入債務）が増えればその分だけを足し戻す理由なのです。

在庫はどう考えればいいでしょう。これは、在庫を持たずに商売をしている会社と比べればわかります。例えば、仕入先がすぐ隣にあるなどの理由で在庫をぜんぜん持たずに、年間３６０万円の売上と１２０万円の利益をあげている会社があるとします。

全く同じ商売をしている別の会社は、仕入先が離れているために、どうしても自社で在庫を抱えておく必要があるとします。同じ売上と利益の会社でも、在庫を抱えれば抱えるほど現金は少なくなります。例えば仕入商品の1ヵ月分（20万円分）を在庫として持っておかなければならない場合、在庫商品に仕入代金として現金が20万円出ていくわけです。これを示しているのが図表1-3-11です。

ＰＬは全く変化していません。ＢＳの左側は現金が１００万円から80万円に20万円減って、在庫が新たに20万円計上されています。間接法ＣＳは、変化してない１２０万円の利益を起点にして、在庫調達分の20万円の現金が少なくなったことが表されていなければなりません。そのためには20万円を差し引いておく必要があります。これが間接法ＣＳで在庫（棚卸資産）が増えればマイナスで数字が記入される理由です。

以上のように、同じ商売を行っていても売掛や在庫が多ければ現金は減り、買掛が多ければ現金は増えるわけです。つまり、キャッシュフローを改善させるためには、売掛金の回収期間を短くし、不要な在庫を減らし、買掛の支払期間を長くしていけばよいわけです。

ただし現実的には、自社のキャッシュフローを改善するために、自社の都合だけでやみくもに買掛金の支払期間を長くすることは取引先の不評を買うことになります。経営改善のために行った買掛金の支払期間の延長が、結局はビジネスで一番大切な信用を失うことにつながってしまえば、それこそ元も子もありません。

（5）財務3表で経営改善案をシミュレーションする

ビジネスが財務諸表によって数値化されていることのメリットの一つは、数字でのシミュレーションが可能になることです。さまざまな経営改善案を実施したらどうなるか、具体的に改善案を実施する前に数字を使って机の上で試すことができるのです。

これから具体的な事業改善案を財務諸表を使って説明します。これから説明する内容が理解できれば、皆さんご自身が皆さんの会社の経営改善内容を、財務諸表を使ってシミュレーションすることができるようになるでしょう。

まずは**図表1-3-12**のように、資本金５００万円、借入金３０００万円で会社をスタートし、中古の店舗を３０００万円で購入して現金が５００万円残っている会社があると仮定してください。

３０００万円で購入した中古の店舗の耐用年数は25年とします。減価償却費は定額法で、毎年１２０万円（＝３０００万円÷25年）が計上されるとします。また、借入金３０００万円の返済期間は15年で元金均等返済、利率は年利５％とします。つまり、元金部分の返済額は年間２００万円（＝３０００万円÷15年）で、最初の年の支払利息は１５０万円（＝

3000万円×5%）です。

　次ページの図表1-3-13を見てください。この会社の年間売上高は3000万円で売上原価は2400万円です。そうすると粗利が600万円になりますから、粗利率は20%です。販売費及び一般管理費（販管費）は2つに分けて記載しています。減価償却費を除く現金支払いの販管費は480万円で、これを販管費①としています。先ほど計算した減価償却費の120万円は販管費②として別途記載しています。これにより販管費合計は600万円（＝480万円＋120万円）になりますから、営業利益は「0」です。支払利息は前述したように年間150万円ですから、税引前当期純利益と当期純利益はどちらもマイナス150万円です。

　なお、営業活動はすべて現金取引だったと仮定してください。PLの中で現金の伴わない動きは減価償却費の120万円だけです。

図表1-3-12　店舗購入時のBS

（単位：万円）

資産		負債	
現金	500	借入金	3,000
建物	3,000	純資産	
		資本金	500
		利益剰余金	
合計	3,500	合計	3,500

図表1-3-13　1年間のPLとCSの動き

（単位：万円）

PL	現状 現金商売
売上高	3,000
売上原価	2,400
売上総利益（粗利）	600
販管費①（減価償却費以外）	480
販管費②（減価償却費）	120
営業利益	0
支払利息	150
税引前当期純利益	−150
法人税等	0
当期純利益	−150

CS（間接法）	現状 現金商売
営業キャッシュフロー	
税引前当期純利益	−150
減価償却費	120
買掛金の増加	
法人税等の支払額	0
営業キャッシュフロー計	−30
投資キャッシュフロー	
固定資産の取得（建物）	−3,000
投資キャッシュフロー計	−3,000
財務キャッシュフロー	
借入金収入	3,000
借入金返済	−200
株式発行収入	500
財務キャッシュフロー計	3,300
現金残高	270

〈注記〉

この例では特別利益と特別損失はないことにしているので、経常利益は税引前当期純利益と一致します。ＰＬの表をシンプルにするために、経常利益の項目は割愛しています。

図表1-3-13のＣＳの営業キャッシュフローを見てください。ＰＬの税引前当期純利益はマイナス１５０万円ですが、これはＰＬの中で現金の動きのない減価償却費の１２０万円が引かれて、この数字になっているわけです。この１５０万円の税引前当期純利益を起点にして、今期の営業活動によるキャッシュフロー（実際の現金の動き）を求めようと思えば、現金の動きがないのに利益を押し下げた減価償却費１２０万円を足し戻しておかなければなりません。そのように計算すると、営業キャッシュフローはマイナス30万円（＝－１５０万円＋１２０万円）になるわけです。

〈注記〉

実際のＣＳでは、いったん支払利息を足し戻して利息の影響のない純粋な営業活動によるキャッシュフローの額を「小計」を設けて表しておいて、改めて利息の支払額を差し引くという処理を行います。ただ、ここでは表を簡略にするために支払利息がそのまま利息の支払額であると仮定して、ＣＳの中での利息に関する処理を割愛しています。

投資活動によるキャッシュフローは、店舗購入代金の３０００万円がマイナスで入っています。財務活動によるキャッシュフローは、借入金の３０００万円と資本金の５００万円が入っています。ただ、借入金は返済期間15年の元金均等払いでしたから、初年度に２００万円が返済されたことになっています。以上のすべての現金の動きを足し合わせると、現金残高は２７０万円になります。それがＣＳの一番下の２７０万円です。

この時のＢＳが図表1-3-14です。ＰＬの当期純利益マイナス１５０万円（図表1-3-13参照）がそのまま、ＢＳの利益剰余金として積み上がっています。借入金は期首に３０００万円でしたが、この1年間に元金部分を２００万円返済していますから、期末の借入金残高は２８００万円です。ＢＳの右側を合計すると３１５０万円になります。

ＢＳの左側では、期首に３０００万円の価値があった建物は1年間に１２０万円の減価償却費が計上されたので、期末には２８８０万円（＝３０００万円－１２０万円）になっています。現金は２７０万円でＢＳの左側の合計も３１５０万円になり、ＢＳの左右が一致しています。この現金の２７０万円は、図表1-3-13のＣＳの一番下の現金残高の２７０万円と一致しています。財務諸表は実にうまくできていて、ＣＳがあると現金の動きが手にとるようにわかりますね。

ただ、このままではＰＬの最終利益は１５０万円の赤字ですし、営業キャッシュフローがマイナス30万円です。まずはこの営業キャッシュフローのマイナスを改善するために、手を打ちましょう。仕入先と交渉して、現金仕入としているものを、仕入れてから１カ月後に代金を支払う買掛の取引に変更してもらいます。売上原価の２４００万円は毎月２０万円ずつ12カ月均等に仕入れているとすると、最後の１カ月分は商品はすでに仕入れているものの代金はその期中に支払わなくてもよくなります。

図表1-3-14　期末のBS

(単位：万円)

資産		負債	
現金	270	借入金	2,800
建物	2,880	純資産	
		資本金	500
		利益剰余金	−150
合計	3,150	合計	3,150

次ページの**図表1-3-15**を見てください。現金商売の現状と比較できるように、買掛の取引が可能となった改善案①を、現状の現金商売の数字の右側に並べて記載しています。

仕入の１カ月分が買掛の仕入になった場合でも、ＰＬは変化しません。すでに仕入れていることに変わりはありませんし、ＰＬはその期の正しい営業活動を表すためのものですから、現金の動きとは関係なく、商品やサービスを提供したり受け取ったりしたときにその額を計上します。

図表1-3-15　買掛取引を始めた場合の
PLとCSの動き

（単位：万円）

PL	現状 現金商売	改善案① 買掛
売上高	3,000	3,000
売上原価	2,400	2,400
売上総利益（粗利）	600	600
販管費①（減価償却費以外）	480	480
販管費②（減価償却費）	120	120
営業利益	0	0
支払利息	150	150
税引前当期純利益	−150	−150
法人税等	0	0
当期純利益	−150	−150

CS（間接法）	現状 現金商売	改善案① 買掛
営業キャッシュフロー		
税引前当期純利益	−150	−150
減価償却費	120	120
買掛金の増加		200
法人税等の支払額	0	0
営業キャッシュフロー計	−30	170
投資キャッシュフロー		
固定資産の取得（建物）	−3,000	−3,000
投資キャッシュフロー計	−3,000	−3,000
財務キャッシュフロー		
借入金収入	3,000	3,000
借入金返済	−200	−200
株式発行収入	500	500
財務キャッシュフロー計	3,300	3,300
現金残高	270	470

変化があるのはＣＳです。買掛の商売になれば、現金商売のときに比べて期中に現金が出ていく金額が減りますから、その分だけ現金は会社に多く残ることになります。営業キャッシュフローは買掛金分の２００万円が増えて、現金商売のときの営業キャッシュフロー計のマイナス30万円がプラスの１７０万円になっています。ＣＳの投資キャッシュフローと財務キャッシュフローは今回の買掛への変更でなんら変化ありませんから、ＣＳの一番下の現金残高は買掛の２００万円分が増えて２７０万円が４７０万円になっています。

図表1-3-16　買掛が増えた場合のBS

(単位：万円)

資産		負債	
現金	470	借入金	2,800
		買掛金	200
建物	2,880	純資産	
		資本金	500
		利益剰余金	−150
合計	3,350	合計	3,350

この時のＢＳが図表1-3-16です。このＢＳを63ページの図表1-3-14のＢＳと見比べてみてください。ＢＳの右側は買掛金が２００万円増えています。ＢＳの左側は現金が２００万円増えて４７０万円になっています。この現金４７０万円は図表1-3-15のＣＳ（改善案①）の一番下にある現金残高４７０万円と一致していますね。

このように、仕入を現金取引から買掛の取引に変えることができれば、会社のキャッシュに余裕が生まれます。今回の買掛は1カ月後に代金を支払う例にしましたが、これを2カ月後に支払う買掛にすれば、2カ月分の仕入代金を期末までに支払わなくても済みますから、2カ月分の仕入代金に相当する額の現金の余裕が生まれるわけです。

とりあえず1カ月後に代金を支払う買掛のままで、次に話を進めます。この買掛1カ月の商売のままで、店舗を購入せずに年間の減価償却費120万円と同じ額の年間120万円（月額10万円）の賃借料で店舗を借りて事業を運営した場合について考えてみましょう。店舗を購入しないので借金も一切しなかったとします。この場合の期首のBSは図表1-3-17のようになります。資本金の500万円が現金500万円としてあるだけです。

この状態で、これまでの例と同じ営業活動を行ったとします。仕入も1カ月分は買掛です。この時のPLとCSが68ページの図表1-3-18の改善案②です。

PLは、店舗を購入しなかったので減価償却費が発生し

図表1-3-17　借入もせず店舗も購入しなかった場合の期首のBS

（単位：万円）

資産		負債	
現金	500	借入金	0
		買掛金	
建物	0	純資産	
		資本金	500
		利益剰余金	
合計	500	合計	500

ていません。ただ、減価償却費の１２０万円と同じ賃借料で店舗を借りたので、販管費①は４８０万円から６００万円になり、１２０万円増えています。これにより営業利益は「０」になりました。借金をしていませんから支払利息も発生していません。したがって、税引前当期純利益も当期純利益も共に「０」になっています。

ＰＬは基本的にすべて現金の動きですが、改善案①と同じように、売上原価２４００万円のうち１カ月分の２００万円だけは期末までに現金が出ていっていません。したがって、ＣＳの営業活動によるキャッシュフローは税引前当期純利益「０」に２００万円を足し戻して２００万円になります。

店舗を購入していませんから、投資キャッシュフローに動きはありません。借入もしていませんし、もちろん返済もありませんから借入金収入も借入金返済も「０」になっています。財務キャッシュフローは資本金（株式発行収入）の５００万円だけです。したがって、ＣＳの一番下の現金残高は営業キャッシュフローの２００万円と資本金の５００万円を合わせて７００万円になっています。

この時のＢＳが69ページの図表1-3-19です。当期純利益は「０」（図表1-3-18の改善案②参照）でしたから、ＢＳの右側の利益剰余金も「０」になっています。買掛金が２００

図表1-3-18　店舗を賃借にした場合のPLとCSの動き

（単位：万円）

PL	現状 現金商売	改善案① 買掛	改善案② 賃借
売上高	3,000	3,000	3,000
売上原価	2,400	2,400	2,400
売上総利益（粗利）	600	600	600
販管費①（減価償却費以外）	480	480	600
販管費②（減価償却費）	120	120	0
営業利益	0	0	0
支払利息	150	150	0
税引前当期純利益	−150	−150	0
法人税等	0	0	0
当期純利益	−150	−150	0

CS（間接法）	現状 現金商売	改善案① 買掛	改善案② 賃借
営業キャッシュフロー			
税引前当期純利益	−150	−150	0
減価償却費	120	120	0
買掛金の増加		200	200
法人税等の支払額	0	0	0
営業キャッシュフロー計	−30	170	200
投資キャッシュフロー			
固定資産の取得（建物）	−3,000	−3,000	0
投資キャッシュフロー計	−3,000	−3,000	0
財務キャッシュフロー			
借入金収入	3,000	3,000	0
借入金返済	−200	−200	0
株式発行収入	500	500	500
財務キャッシュフロー計	3,300	3,300	500
現金残高	270	470	700

万円計上されていますから、ＢＳの右側は資本金の５００万円と合わせて７００万円になっています。ＢＳの左側の現金は７００万円で、図表1-3-18の改善案②のＣＳの現金残高７００万円と一致しています。

図表1-3-19　借入もせず店舗も購入しなかった場合の期末のBS

（単位：万円）

資産		負債	
現金	700	借入金	0
		買掛金	200
建物	0	純資産	
		資本金	500
		利益剰余金	0
合計	700	合計	700

借金をして店舗を購入した改善案①と、減価償却費と同じ賃借料で店舗を借りて運営した改善案②では、財務指標にはどのような違いがあるでしょうか。まずＰＬの当期純利益は、改善案②の方が１５０万円改善しています。減価償却費と賃借料を同額に設定しているので、改善案①と改善案②の当期純利益の差１５０万円は支払利息の１５０万円の影響です。

営業キャッシュフローは、改善案①の１７０万円から改善案②の２００万円に30万円増えています。具体的なビジネスをイメージしながら、改善案①と改善案②の現金の出入りの差を考えてみましょう。同じ額の買掛の商売でしたから、売上や売上原価に関連する現金の動きに差はありません。差があるのは、利息の支払いと賃借料の支払いだけ

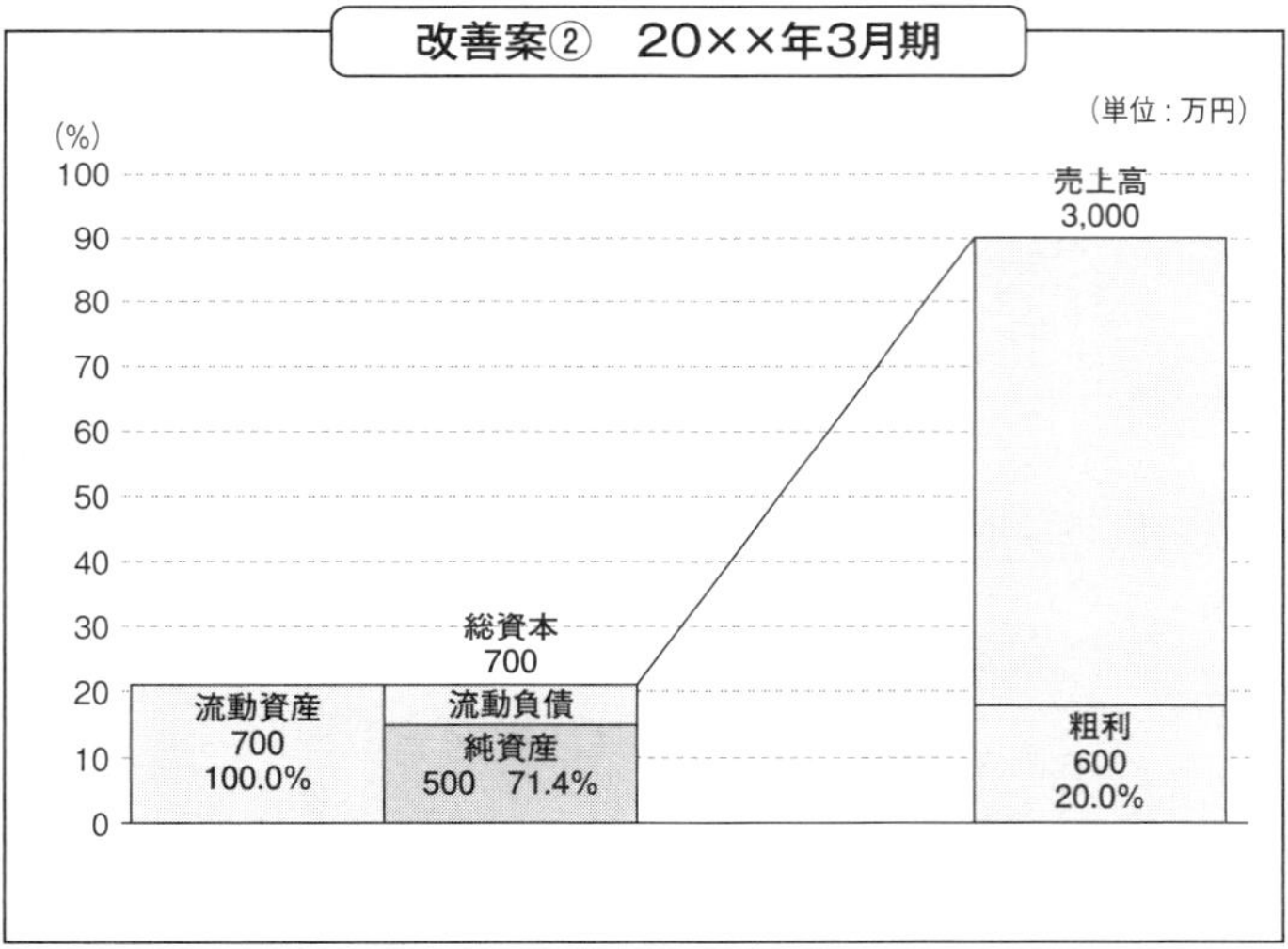

です。改善案①の方は利息の支払いの１５０万円が出ていき、改善案②の方は利息の支払いはないけれど賃借料の１２０万円が現金で出ていっています。この差30万円分が改善案②の営業キャッシュフローが多い理由です。

ただし、全体の現金の動きには大きな違いがあります。お金を借りて店舗を購入した改善案①は、借入金をそのまま店舗の購入に充てました。そこは３０００万円入ってきてそのまま３０００万円出ていったことになり、現金の出入りとしては差し引きゼロになりま

図表1-3-20　改善案①と改善案②の図解分析

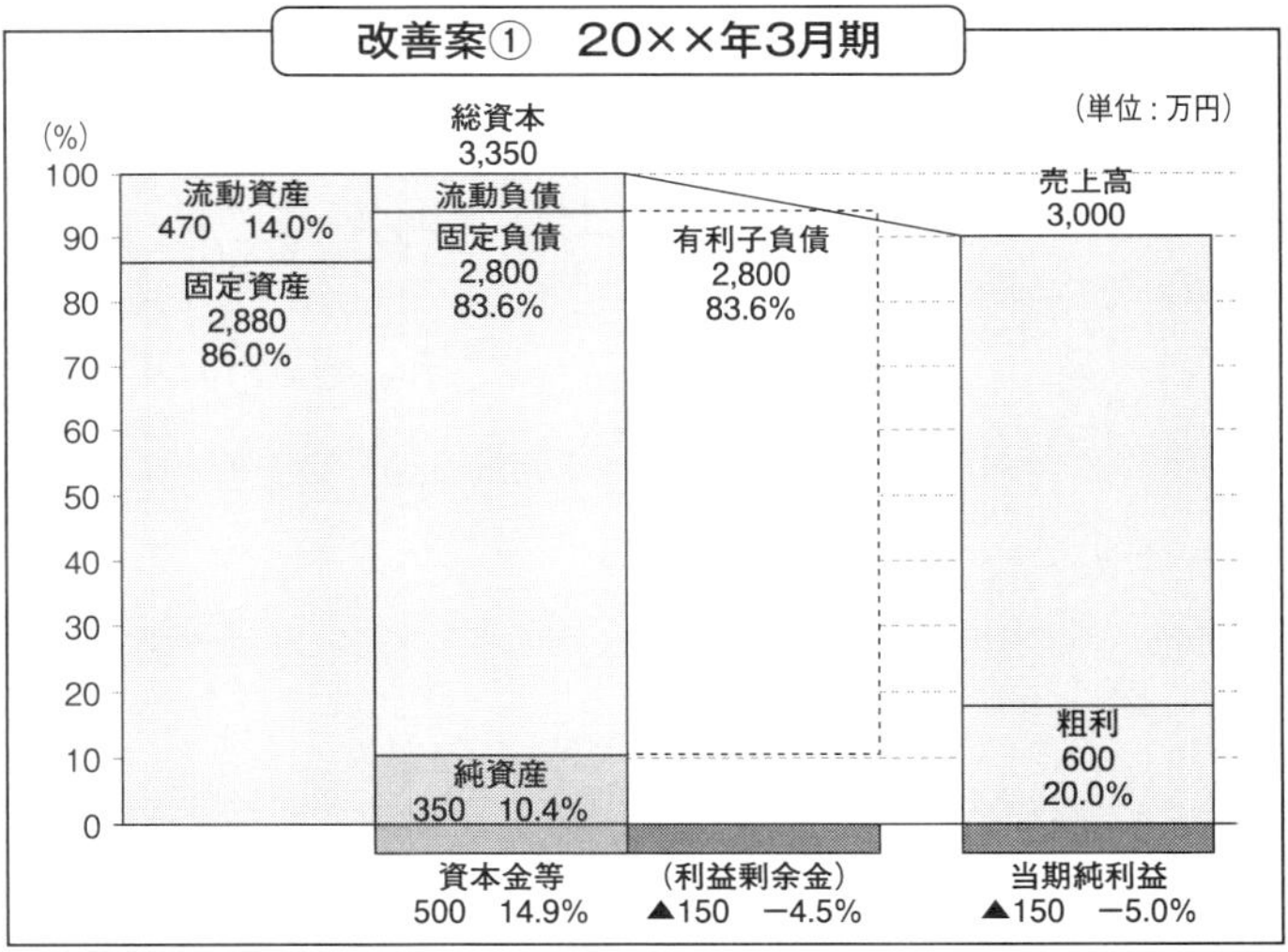

す。しかし、３０００万円の借金をしたことにより、１年間に利息の１５０万円と元金返済分の２００万円が外に出ていくことになります。合計で３５０万円です。一方、店舗を賃借した改善案②の場合は借入金関連の現金の動きはありませんが、店舗の賃借料１２０万円が外に出ていきます。この３５０万円と１２０万円の差の２３０万円が、２つのケースの現金残高の差（改善案①の４７０万円と改善案②の７００万円の差）になっているわけです。

改善案①と改善案②を比較する

と、改善案②の方が利益も営業キャッシュフローもよいことがわかります。また、資本効率からいえば、総資本３５００万円規模で３０００万円の売上と１５０万円の赤字を出す改善案①と、７００万円規模の総資本で同じ３０００万円の売上と損益が「０」の改善案②とどちらが良いかということになります。

70・71ページの図表1-3-20のように、図解分析をすれば一目瞭然です。同じ程度の売上と利益を出すのであれば、負債も少なく総資本回転率（売上高÷総資本）も良い改善案②のほうが効率的に見えます。もちろん、これは店舗の償却年数、借入金の返済期間、利率などの数値を変えることによってさまざまなパターンが考えられます。この例だけで、店舗購入より賃借の方が事業効率がよいなどとは全く言えません。

ここで読者の皆さんにお伝えしたかったことは、財務3表の数字を使ってさまざまなケースのシミュレーションをすれば、代替案の評価ができるということです。そして、現実のビジネスでは、少しずつの知恵や工夫の積み重ねが大きな経営改善につながっていくのです。

ドラッカーのヒント 3

財務的手法だけでは事業再生は未完である

事業再生は財務の専門家による財務的なプロセスだと思われがちですが、そうではありません。財務的な手法による事業再生は、不要な資産を売却したり借金を減らしたりすることを意味し、一般的には赤字やマイナスのキャッシュフローを食い止めるのが限界です。本当の意味で事業が再生したと言われるには、お客様に選んでいただける商品やサービスが提供できて、安定的に売上が増え利益が増えるようにならなければなりません。

しかし、売上や利益は企業がコントロールできるものではありません。売上を決めるのは顧客です。企業が「買ってください」と懇願しようが、逆に「買え～！」と恫喝《どうかつ》しようが、商品やサービスに魅力がなければ顧客は買わないのです。企業は売上をコントロールできないのですから、利益をコントロールすることもできません。利益は事業活動の結果でしかありません。

ドラッカーはすべての企業には次の４つの機能（functions）が必要であると言います。

①マーケティング機能
②イノベーション機能
③管理的機能
④利益が持つ機能

顧客の関心は、顧客自身の価値や欲求や現実にしかありません。顧客が価値あると思ったり欲しいと思ったりするから、顧客は何かを購入するのです。ですから、まずは顧客が何を価値ありとし、何を欲しがり、どんな現実があるのかといった、顧客のことを知り尽くすマーケティングの機能が必要になります。

しかし、マーケティングの機能だけでは企業の成功はありません。ドラッカーはコピー機やコンピューターを引き合いに出し、それらが誕生するまではそれらの機器を具体的に要求した顧客はいなかったと言います。つまり、市場は企業側からの働きかけによって生み出されるものであり、企業には新しい商品やサービスを創造するイノベーションという機能が必要なのです。

3つ目は管理的機能です。組織は生産性を高める必要があります。生産性が低い会社は生き残れません。同じ商品やサービスを他社より高い値段でしか提供できない会社は社会に存在できません。この管理的機能の経済的側面を生産性といいます。

　ドラッカーが言う管理的機能は原書に戻れば“Administrative function”となっており、日本語訳としては「経営管理的機能」と訳した方がよいかもしれません。ただ単に管理するということではなく、従業員のやる気と能力を高め生産的な組織にしていく必要があります。

　4つ目は、利益が持つ機能（The functions of profit）です。〈ドラッカーのヒント①〉（21ページ）でも書いたように、利益は企業の目的ではありません。利益は事業経営の結果でしかありません。

　しかし、利益には重要な機能があります。それは成果測定の機能です。利益が出ていないということは、前述したマーケティング機能、イノベーション機能、管理的機能のいずれか、もしくはすべてがうまく機能していないことを示しています。この成果測定機能としての利益があるから、自社の足らない面を修正できる。つまり、フィードバック分析によるコントロールが可能になり軌道修正ができるようになるのです。

〈ドラッカーのヒント①〉で公的機関には効率の悪い仕事を廃棄する仕組みがないと言

いましたが、その一つの理由は成果測定機能としての利益の概念がないからです。成果測定機能がないから、自分がやっていることが効果的かどうかわからないのです。

繰り返しますが、企業は売上や利益をコントロールすることはできません。コントロールできるのは、企業内部の活動であるマーケティング機能、イノベーション機能、管理的機能です。

ですから、目標を設定すべきなのは売上や利益ではなく、自らがコントロールできるマーケティング機能、イノベーション機能、管理的機能についてです。企業は、この3つの機能を文字通りうまく機能させることができるようになって、初めて真の事業再生が成し遂げられるのです。

4　予算を策定しコントロールする

(1) 予算はどのように作ればよいか

事業再生についてのシミュレーションの説明をしましたが、シミュレーションが最も効果的に活用できるのは「管理会計」の分野でしょう。管理会計とは予算や利益計算などのための会計、つまり企業内部の経営管理のための会計です。

管理会計というと多くの皆さんはPLだけ、つまり売上と費用と利益についての会計を思い浮かべるのではないかと思います。しかし、管理会計においてもBSが大きく関係してきます。当たり前ですね。企業の活動は「お金を集める」→「投資する」→「利益をあげる」ですから、利益のことを考えようとすれば当然、「お金を集める」や「投資する」といったBSに表れる項目を視野に入れなければなりません。

では、そもそも予算策定は何から着手すればよいのでしょうか。企業が必要とする利益からスタートすればよいのでしょうか。それとも、昨年実績からスタートすればよいのでしょうか。はたまた、社長の意向からスタートすればよいのでしょうか。

どれも正しいとは言えません。もちろん予算策定にはいろいろな要因が絡んできますが、予算策定のスタートは「最大の制約要因のもとで期待できる売上高はいくらか？」という問いから始まります。製造会社であれば、生産能力が最大の制約要因になるかもしれません。ただし、長期計画の中で工場増設を決めていれば、工場が新設されればそれ以降、生産能力は制約要因ではなくなります。営業マンの数と質が制約要因になる会社もあるでしょうし、市場規模と市場シェアが制約要因になる会社もあるでしょう。

市場シェアの制約といったものは見極めが難しいものです。競合他社の動きにも影響を受けますし、自社の新製品も影響を及ぼすでしょう。確実に競争優位性がある新製品を市場に投入できるのなら、かなり強気の市場シェアが見込めるかもしれません。しかし何事も確実なものはなく、予算にはある情報にもとづいた推測という期待が込められるのは致し方ありません。しかし、何の根拠も理由もないあてずっぽうの予測ではなく、現実にもとづいた最大の制約要因を考えることから予算策定が始まります。

最大の制約要因のもとで期待できる売上はいくらかがわかれば、その後のステップは次のようにかなり論理的に進めることができます。

①最大の制約要因のもとで期待できる売上はいくらか？
←②計画した売上のもとではどんな費用がいくら必要になるか？
←③計画した売上と費用から利益はいくらになるか？
←④計画した売上にはどんな流動資産（在庫など）がいくら必要になるか？
←⑤計画した売上にはどんな固定資産がいくら必要になるか？
←⑥計画した資産を調達するにはいくら資金が必要か？

このステップを見ておわかりの通り、予算のステップはＰＬからＢＳに移っていきます。

売上に必要な投資をいかに行うか、その投資に必要な資金調達をどう行うか。つまり、「お金を集める」→「投資する」→「利益をあげる」という事業の全プロセスに対して予算計画を行うのです。

ドラッカーのヒント

4 なぜ予算が必要なのか

予算の策定方法を考える前に、そもそも予算はなぜ必要なのかについて考えてみたいと思います。私はサラリーマン時代に、こんなに世の中の変化が激しいのに予算なんか作って意味があるのだろうか、と思っていたことがありました。実際に、予算策定の最中に前提条件の環境が大きく変わることもしばしばありました。この予算策定という目標設定の必要性について、ドラッカーの指摘は明快です。

ドラッカー経営学のひとつの特徴は、社会を生き物として見ていることです。生き物は変化します。また、生き物は複雑系です。論理だけですべてが解明できるものではありません。予期しないできごとが突然起こります。

ドラッカーは、この変化する複雑系の社会だからこそ目標が必要なのだと言います。目標を設定して方向性を定め、その目標と現実に差異が出たら、その差異を分析してフィードバック管理を行っていくことが重要だと言うのです。

目標自体の定義とその使い方についても、ドラッカーはわかりやすい説明をしてくれています。目標は常に期待にもとづいており、期待は情報にもとづいた推測にしかすぎません。そういう特徴において、目標とは企業がコントロールできない外部要因をどう評価（appraisal）しているかの表れだとドラッカーは言います。外の世界は常に変動しています。つまり、もし大きな変動がなければ、これくらいのレベルは達成できると期待もしくは推測しているのが目標です。

ドラッカーはこのことを、航空機のフライトプランと実際の運航を例にとって次のように説明しています。航空機にはフライトプランという目標があります。それは、外部に大きな変動要因がなければ目的地にこれくらいの時間で到着するという目標です。これが外部要因についての評価という意味です。ただ、例えば乱気流が発生したなどの外部要因の大きな変動があれば、それをもとにまた新たなフライトプランを作りなおします。つまり、目標は確実に達成できるものではなく、むしろ方向性を示したものです。

命令ではなく、「約束であり責任」（commitment）であるとドラッカーは言います。
ビジネスにおける目標は、将来を決定づけるものではなく、将来を切り開くために経営資源を結集し、熱意を引き出すための手段だとドラッカーは捉えています。

（2）売上と費用と利益を管理しやすいように分解する

予算策定のプロセスを簡単に説明しました。プロセスの流れだけを示せば簡単ですが、現実の予算策定の作業には膨大な手間と時間がかかります。現場の意見を積み上げただけでは満足のいく予算にならないのが普通です。前提条件を変えて、いろんなケースを検討しておく必要もあるでしょう。社長の意向により、目標数字の変更が指示されることがあるかもしれません。これらの変更や修正のために、膨大な時間と手間がかかる予算策定のプロセスを何度も繰り返すのは大変でありかつ経済的ではありません。

ここで会計が貨幣価値で数値化されていることの威力が発揮されます。つまり、数学モデルを使ってシミュレーションすることができるのです。ただし、数学モデルを使おうとすれば、ものごとをシンプルにしておかなければなりません。

利益は収益から費用を差し引いて計算しますが、「費用」には5つの種類がありました。この5つの種類の費用もその中身は多岐にわたっています。管理会計の世界では、このさまざまな種類の費用を「変動費」と「固定費」という2つに分けて考えます。「変動費」とは売上の増減に比例して変化する費用です。例えば、小売業における売上原価は売上の増減に比例して変化します。一方、「固定費」は売上の増減には関係なく、一定額発生するものです。事務所の賃貸料などは売上には関係なく一定です。

ただ、現実には多くの費用は完全に変動、完全に固定とはならない場合が多いので、変動費と固定費をどう分類すればよいか混乱する人もいるでしょう。これも難しく考える必要はありません。売上高に連動する要素が大きいものは変動費、本質的に売上高の変化に関係しない種類のものは固定費、と考えればよいのです。

さまざまな種類の費用を「変動費」と「固定費」の2つに分ければ、利益計算が簡単になりシミュレーションがしやすくなります。簡単な例を示しておきましょう。次ページの図表1-4-1は財務会計で使うPLです。売上原価の50万円はすべて変動費だと思ってください。販売費及び一般管理費の40万円は、そのうちの10万円が変動費で、30万円が固定費だと仮定します。

図表1-4-1
財務会計で使うPL

（単位：万円）

売上高	100	
売上原価	50	：すべて変動費
販売費及び一般管理費	40	：変動費10、固定費30
営業利益	10	

図表1-4-2
組み替え後のPL

（単位：万円）

売上高	100	
変動費	60	：60%
売上高－変動費	40	：40%
固定費	30	
営業利益	10	

これを変動費と固定費という概念で組み替えると**図表1-4-2**になります。

変動費の60万円は、図表1-4-1の売上原価の50万円と販売費及び一般管理費の中の変動費分10万円を加えたものです。固定費の30万円は、販売費及び一般管理費の中の固定費分30万円のことです。「変動費」と「売上高－変動費」の横に書いてある「%」は売上高に対する割合です。

こうすれば利益計算のシミュレーションが簡単に行えます。売上高20%アップの時の営業利益を計算してみましょう。変動費は、売上高に完全に比例すると考えてください。

図表1-4-3のように、売上高が20%アップすることによって営業利益は

10万円から18万円に80%もアップすることがわかります。

変動費と固定費に分ければ、利益計算が簡単にできるだけではありません。これからが数学モデルの真骨頂です。変動費が売上高に完全に比例すると仮定すると、「売上高－変動費」の数字も売上高に完全に比例します。今回の例でいえば40%です。この「売上高－変動費」のことを貢献利益（contribution margin）といいます。なぜ、貢献利益というのかは後ほど説明します。

図表1-4-3
売上高が20%アップした場合のPL

(単位：万円)

売上高	120	
変動費	72	：60%
売上高－変動費	48	：40%
固定費	30	
営業利益	18	

そして、売上高に対する貢献利益の比を貢献利益率といいます。この例の事業では変動費率が60%、貢献利益率が40%で、この比率は売上高に完全に比例する、つまり一定であると仮定しています。そうであれば、売上高がいくらのときに営業利益が「0」になるかは簡単に計算できます。固定費の30万円に見合う貢献利益が出ればいいのです。貢献利益は売上高の40%だったのですから、次の式が成り立つときの売上高が、営業利益が「0」になるときの売上高になるわけです。

売上高×40％（貢献利益率）＝30（固定費）

ここからは完全に数学モデルですね。この売上高は計算式を次の式に変形すれば簡単に求まります。

売上高＝30（固定費）÷40％（貢献利益率）

この式を解けば、売上高は75万円になります。念のため表にしておきましょう（図表1-4-4）。

図表1-4-4
営業利益が「0」になる場合のPL

（単位：万円）

売上高	75	
変動費	45	：75×60％
売上高－変動費	30	：75×40％
固定費	30	
営業利益	0	

ここまで説明すると、「売上高－変動費」のことをなぜ「貢献利益」と呼ぶかご理解いただけたと思います。固定費を回収して営業利益を稼ぎ出すために「貢献」する利益だから「貢献利益」と呼ばれるのです。

（3）損益分岐点分析も簡単だ

ここまでのことが理解できれば、損益分岐点分析の考え方も簡単に頭に入ってくると思

図表1-4-5　損益分岐点分析図

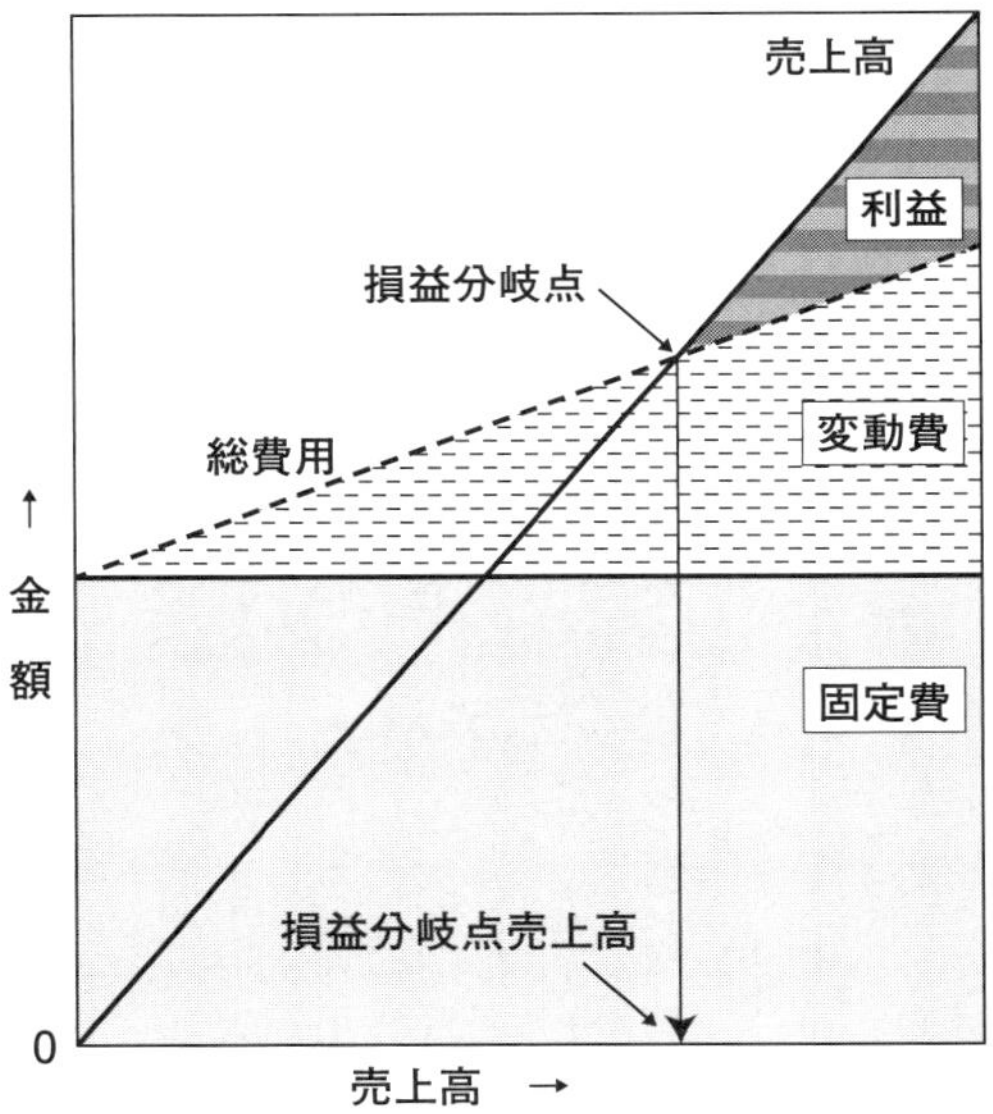

います。損益分岐点というのは利益が出るか損失が出るかの分岐点ということです。損益分岐点に関しては、管理会計の解説書の中に上のような図が出てきて頭が混乱した人がいるかもしれません（図表1-4-5）。

会計の初心者がこの図だけを見ると、何のことやらわからないと思います。ただ、この図は分解して理解すれば難しいものではありません。図表1-4-6を見ながら説明しましょう。損益分岐点の図の横軸は売上高、縦軸は金額を表しています。事業活動を考えた時、売上の増減には関係なく一定の費用が出ていく固定費というものがありました。売上高が変わっても固定費の金額は一定で変わらないものですから、これを図にすると①のようになります。

次に、会社の費用の中には売上高に比例して額が変わる変動費というものがありました。変動費は売上高に比例して増えていくものです。この変動費を固定費に上乗せして表したのが②です。固定費と変動費を合わせたものを総費用と呼びます。

これに売上高の線を加えてみましょう。売上高の金額は言うまでもなく売上高に比例して増えていきます。これを表しているのが③です。この図がまさに図表1-4-5です。そして、売上高から総費用を差し引いたのが利益というわけです。この利益が「0」になる点、つまり利益と損失の分岐となる売上高を損益分岐点売上高といいます。

損益分岐点分析のときに出てくる言葉に、限界利益（marginal profit）というのがあります。限界利益とは売上高から変動費を引いたものです。図表1-4-6の④に限界利益がよくわかるように示しています。④の図は③の図から固定費を除き、変動費の線を下まで降ろしたものです。

ここで会計の初心者が混乱するのは、限界利益と貢献利益は同じものかどうかというこ

図表1-4-6　損益分岐点を理解するための図

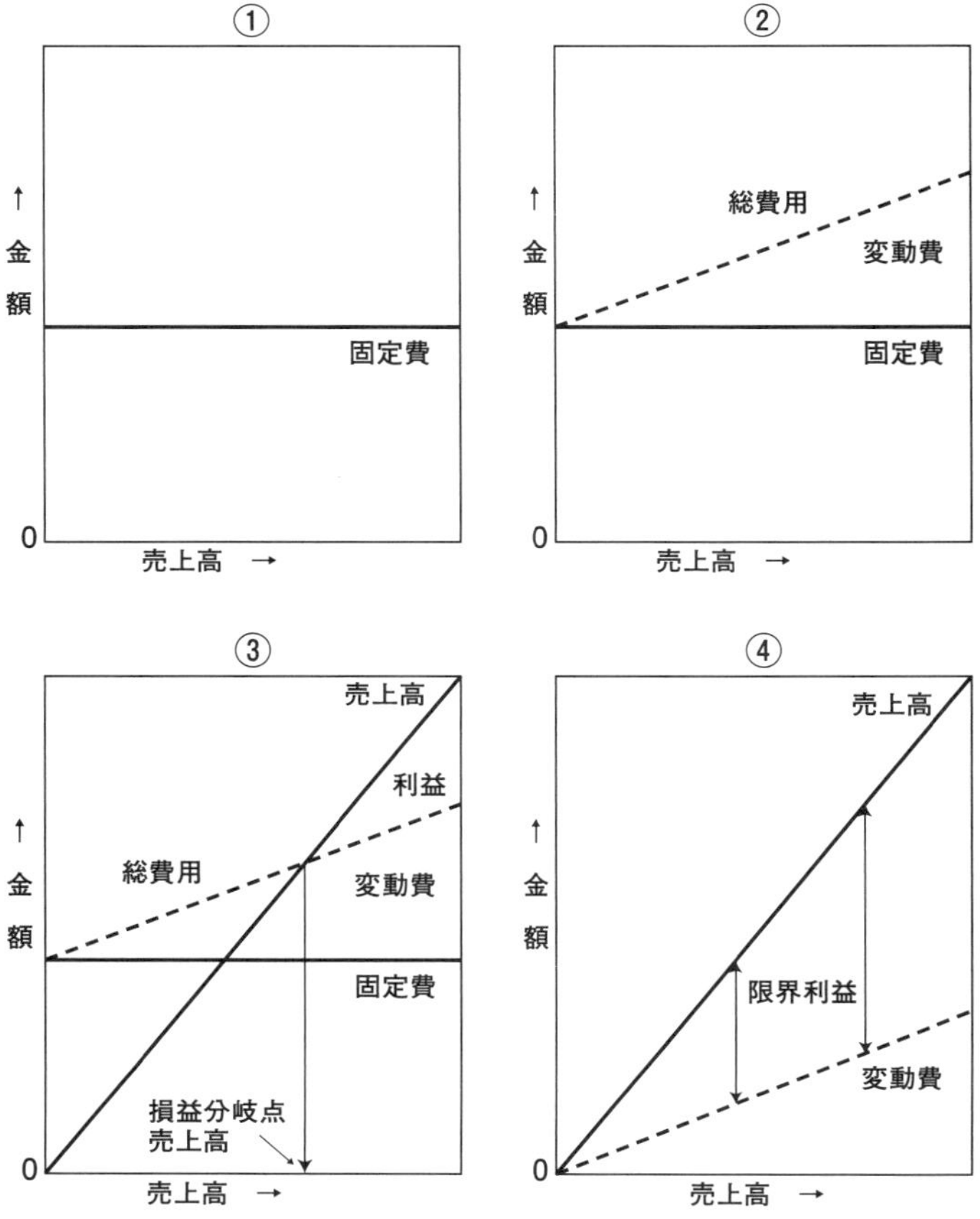

とです。計算式はどちらも「売上高－変動費」ですから、大きな枠組みでいえば、限界利益＝貢献利益でもいいのですが、ここはもう少し詳しく説明しておきましょう。

限界利益の「限界」という言葉は、私たちが一般的に使う「もうこれ以上はないぎりぎりの範囲」という意味ではなく、「1単位追加して増えるごとに」という意味で使われています。実は限界利益という考え方は、経済学の限界効用（marginal utility）からきています。つまり、限界利益とは「売上が1単位追加して増えるごとに増える利益」という意味です。

「売上が1単位追加して」という言葉が示すように、限界利益という言葉が使われるのは一般的に具体的な商品を対象として考えるときです。具体的な商品が1単位追加して売れたときに増える利益、という考え方です。例えば、1台１００万円の商品の変動費が70万円であれば、1台30万円の限界利益があるという言い方をします。

限界利益という言葉は、あくまでも商品が1単位追加して売れたときに増える利益であるという認識があれば、貢献利益との混乱がなくなるでしょう。

（4）売上計画を設計し代替案を評価するためのCVP分析

数学モデルの活用をさらに深めていきましょう。86ページで示した営業利益が「0」のときの売上高を計算する式は重要な意味を持っています。もう一度計算式を記載しておきましょう。

売上高×40％（貢献利益率）＝30（固定費）

この式を使えば、目標とする営業利益をあげるための売上高も簡単に計算できます。貢献利益が固定費と営業利益を合わせた額をまかなうものであればいいわけです。例えば、営業利益を50万円出したいと思えば次の計算式になります。

売上高×40％（貢献利益率）＝30（固定費）＋50（営業利益）

この式は次のように変形できます。

売上高＝〔30（固定費）＋50（営業利益）〕÷40％（貢献利益率）

この式を解けば売上高は２００万円になります。図表1-4-7で確認しておきましょう。

図表1-4-7
営業利益50万円の場合のPL

（単位：万円）

売上高	200	
変動費	120	：200×60%
売上高－変動費	80	：200×40%
固定費	30	
営業利益	50	

ここまでくれば、これはもう完全に数学モデルと呼んでよいでしょう。ある事業の貢献利益率と固定費がわかれば、目標とする利益をあげるための売上高は次の式で簡単に計算できます。

売上高＝（固定費＋利益）÷貢献利益率

これをもう少し数学的に表してみましょう。売上高をV、固定費をC、利益をP、貢献利益率をMとすると、次の式で目標利益をあげるための売上高が計算できます。

V＝（C＋P）÷M

この式を使えば、各部門からの予算案を積み上げた段階の利益に、さらに利益を上乗せした場合、どれくらいの売上が必要になるかを簡単に計算できます。もちろん、そのためには売上原価と販売費及び一般管理費を、変動費と固定費に分類する必要があります。それは売上原価と販売費及び一般管理費の費目別明細さえあれば可能です。

ここで説明した方法をCVP分析と呼ぶことがあります。それは次のように、費用と売上高と利益の関係分析だからです。

費用（**C**ost）
売上高（Sales **V**olume）
利益（**P**rofit）

このCVP分析を使うと、ビジネスの代替案を簡単に評価できるようになります。84ページで使った例を原案として、原案（ケース①）のままでは目標とする利益を出すのが難しいので、次のような代替案（ケース②とケース③）を考えてみたとしましょう。

ケース①：原案（売上高１００万円、貢献利益率40％、固定費30万円、利益10万円）
ケース②：販売価格を下げて売上高を増やすことで目標利益の10万円を達成する
ケース③：広告を出すことで目標利益の10万円を達成する

原案をもう一度掲載しておきます（図表1-4-8）。売上高が１００万円、固定費が30万円、貢献利益率が40％で利益が10万円でした。

図表1-4-8
ケース①のPL

（単位：万円）

売上高	100	
変動費	60	：60%
売上高ー変動費（貢献利益）	40	：40%
固定費	30	
利益	10	

競争環境が厳しくなり、原案のままでは現実的に目標利益10万円を達成することが難しくなってきたとします。そこで考えた代替案が、ケース②の販売価格を下げて売上高を増やす戦略です。固定費も目標利益も変えません。販売価格を下げても原価は変わりませんから貢献利益率は下がります。貢献利益率が25％に下がる例で考えてみましょう。この売上高の計算は簡単です。次の式に数字を代入するだけです。

図表1-4-9　3つのケースの比較表

（単位：万円）

ケース	内容	貢献利益率	固定費	利益	必要売上高
①	原案	40%	30	10	100
②	販売価格を下げる	25%	30	10	160
③	広告を出す	40%	40	10	125

売上高＝（固定費＋利益）÷貢献利益率

売上高＝（30＋10）÷25％＝１６０

必要売上高は１６０万円になります。

次の代替案（ケース③）は、広告を出して売上高を増やす方法です。広告に10万円を費やし、元々の固定費30万円と合わせて固定費の合計が40万円になる場合を考えてみましょう。貢献利益率は変えません。この時の必要売上高は次のようになります。

売上高＝（40＋10）÷40％＝１２５

必要売上高は１２５万円になりました。

これで３つの案は、図表1-4-9のように整理できます。

ここまでくれば、後はどの案を選択し実行に移すかだけです。

もちろん、これ以外のさまざまなケースをシミュレーションしてもいいわけですが、検討するさまざまな代替案の中から、いままでの経験や現場の競争環境などを勘案しながら、どれが一番現実的であるかを判断し実行していくわけです。

（5）予算と実績の差異を分析し手を打つ

予算計画を作り実行すれば、何がしかの実績が出ます。この実績はほとんどの場合、予算とは異なってきます。予算と異なる実績をそのままにしてはいけません。なぜ実績が予算と異なったのか、分析が必要です。

ドラッカーが言うように、世の中は複雑系です。何が起こるかわかりません。そのような複雑系の世の中だからこそ、予算を立てて実行した結果を分析し、フィードバック・コントロールを利かせて軌道修正していくのです。これは仕事の基本であるＰＤＣＡ（Plan→Do→Check→Action）の実践です。

では、実際に具体例を使って、予算と実績の差異分析の方法を説明します。今回は少し臨場感を持たせましょう。実は私の会社ボナ・ヴィータ コーポレーションでは、『竹とんぼ屋』という屋号で子供向けの竹とんぼ工作キットを販売しています。本当の話です。この竹とんぼ屋の1カ月の予算として、84ページの図表1-4-1のPLと同じ数字の予算を作ったとします（図表1-4-10）。ただし、単位は「万円」ではなく「円」で表記しています。

竹とんぼ販売のビジネスとして、売上高が1カ月に100万円で営業利益が10万円の予算です。この予算で営業活動を行ったのですが、実績は図表1-4-11のようになりました。

売上高は予算に比べて30万円増え、売上原価は20万円増え、販売費及び一般管理費は5万円増え、営業利益も5万円増えています。売上高も利益も増えているので、ただ喜んでいればよいのでしょうか。この実績は予算に比べて、何が良くて何が悪いのでしょうか。この実績に対して、さらに何か手を打つ必要はあるのでしょうか。図表1-4-10と図表1-4-

図表1-4-10
予算のPL

（単位：円）

売上高	1,000,000	
売上原価	500,000	：すべて変動費
販売費及び一般管理費	400,000	：変動費100,000、固定費300,000
営業利益	100,000	

図表1-4-11
実績のPL

（単位：円）

売上高	1,300,000
売上原価	700,000
販売費及び一般管理費	450,000
営業利益	150,000

図表1-4-12
予算の売上高と予算の売上原価

	単価(円)	個数	金額(円)
売上高	50	20,000	1,000,000
売上原価	25	20,000	500,000

図表1-4-13
実績の売上高と実績の売上原価

	単価(円)	個数	金額(円)
売上高	52	25,000	1,300,000
売上原価	28	25,000	700,000

11を比較しただけでは詳しいことはわかりません。

少しずつ差異分析をしていきましょう。まずは売上高と売上原価の詳細です。図表1-4-12は予算の売上高と予算の売上原価の詳細です。竹とんぼの販売価格は１個50円で、それを２万個販売する計画でした。１個の商品の仕入単価が25円でしたので売上原価の総額は50万円です。

次に、実績の売上高と実績の売上原価の詳細を見てみましょう。販売単価は２円上がって52円となり、販売個数も予算より５０００個多い２万５０００個になっています。売上原価の方は、仕入価格が３円上がって28円になっています。仕入個数は販売個数と同じ２万５０００個です（図表1-4-13）。

これは、どのように分析すればいいのでしょうか。まず売上高から見ていきましょう。

図表1-4-14　売上高の差異分析

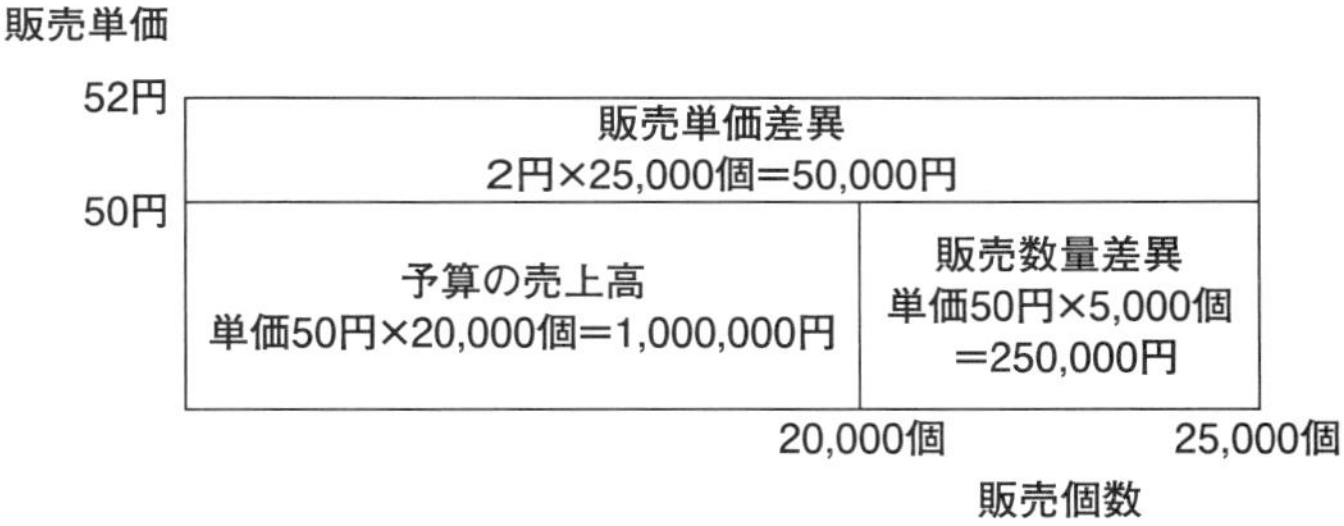

図表1-4-14のような図を作れば、差異の要因が一目瞭然です。予算では販売単価50円で販売個数が２万個だったので、売上高は１００万円でした。

実績の売上は予算より５０００個多い２万５０００個でしたから、販売数量差異として50円×５０００個＝25万円が求まります。また、販売単価も２円アップしていますから、販売単価差異として２円×２万５０００個＝５万円が求まります。

つまり、売上高は予算の１００万円から１３０万円と30万円増えていたわけですが、これを分解すると販売数量差異として25万円増え、販売単価差異として５万円増えていたわけです。

売上高と同じように、売上原価も分析してみましょう。図表1-4-15をご覧ください。予算では単価25円で２万個の仕入ですから、50万円の売上原価でした。実績の仕

図表1-4-15　売上原価の差異分析

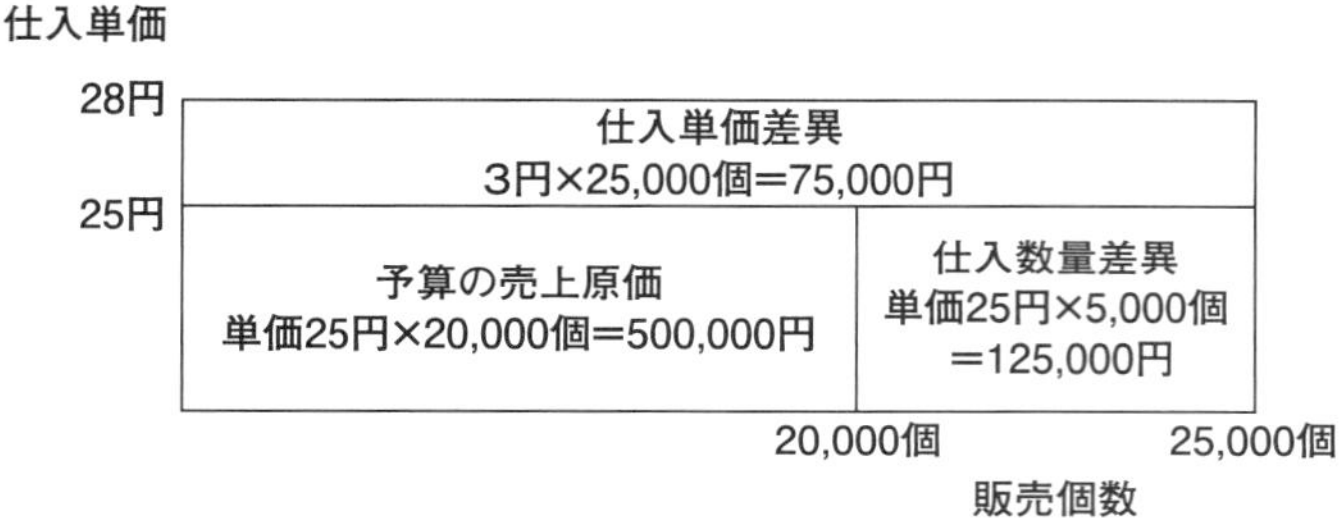

入は売上が５０００個増えた分と同じ５０００個増えていますので、仕入数量差異として25円×５０００個＝12万５０００円が求まります。また、仕入単価が25円から28円へ３円上がっているので、仕入単価差異として３円×２万５０００個＝７万５０００円が求まります。

つまり、売上原価は予算の50万円から実績の70万円に20万円増えているわけですが、これは仕入数量差異が12万５０００円、仕入単価差異が７万５０００円の内訳になっているわけです。

次は、販売費及び一般管理費の詳細を見てみましょう。予算の販売費及び一般管理費40万円は、変動費の10万円と固定費の30万円に分かれていました。この変動費は売上高に完全に比例すると仮定すれば、売上高１００万円に対する変動費率は10％ということになります（図表１-4-16）。

次に、実績の販売費及び一般管理費の内訳を見てみましょう。販売費及び一般管理費45万円の内訳は図表1-4-17のようになっています。変動費率は10%のままで売上が１３０万円になっていますから、変動費は13万円で予算に比べて３万円増えています。固定費は予算の30万円から２万円増えて32万円になっています。

図表1-4-16
予算の販売費及び一般管理費の内訳

（単位：円）

変動費	変動費率	固定費	販売費及び一般管理費
100,000	10%	300,000	400,000

図表1-4-17
実績の販売費及び一般管理費の内訳

（単位：円）

変動費	変動費率	固定費	販売費及び一般管理費
130,000	10%	320,000	450,000

以上の差異分析の結果をまとめたのが図表1-4-18です。金額の欄でマイナス（△）表示になっているのは利益に対してマイナスの影響があることを意味しています。

一つひとつ見ていきましょう。まず、販売数量の増加で売上高が25万円増加しています。ただ、販売数量の増加の影響で、売上原価が12万５０００円、販売費及び一般管理費の変動費分が３万円それぞれ増えており、この販売数量の増加の影響としてはトータルで利益に９万５０

図表１-４-18
差異分析結果のまとめ

（単位：円）

内　訳	金額
販売数量増加の影響	
売上高	250,000
売上原価	△ 125,000
販売費及び一般管理費の変動費分	△ 30,000
小計	95,000
販売単価上昇の影響	50,000
仕入単価上昇の影響	△ 75,000
販売費及び一般管理費の固定費分	△ 20,000
合計	50,000

００円寄与したといえます。一方、販売単価の上昇で５万円利益が増えているわけですが、仕入単価の上昇で７万５０００円のマイナスの影響があります。また、販売費及び一般管理費の固定費分で２万円のマイナスの影響があります。これらをトータルして営業利益は、予算の10万円から実績の15万円に５万円増えているということになります。

このようにして差異分析をすると、手を打つべきポイントが明確になってきます。販売量増加による売上原価や販売費及び一般管理費の変動費分の増加は致し方ないと言えるでしょう。検討が必要なのは、仕入単価と販売費及び一般管理費の固定費分のマイナス要因です。

仕入数量は予算の２万個から実績の２万５０００個へ５０００個増えているのに、単価が上がっているのが解せません。一般的に言えば、仕入数量が増えれば単価は下がってもよさそうなものです。何か特殊な要因があるのかもしれませんが、いずれにせよチェックが必要な項目です。

さらに問題なのは、販売費及び一般管理費の固定費分の増加です。固定費は販売数量に影響されない費用です。従って販売数量が増えたからといって固定費が上がるのはおかしいのです。販売費及び一般管理費の固定費分の増加については細かいチェックが必要です。

私はサラリーマン時代に、企画部門で会計の充分な知識がないままに、この差異分析の作業をしていたことがありました。その頃は、「すでに起こってしまっている実績に対して、重箱の隅をつつくような分析をして何の意味があるのだろう」とよく思ったものでした。しかし、今のように、経営全体のプロセスが理解できていれば、自分が行っていた差異分析作業の意義がわかり、徒労感を味わうこともなかったと思います。

将来が確実に予測できない複雑系の世の中の経営では、予算計画という目標を定めて、従業員のエネルギーをその目標に集中して事業を実践し、出てきた結果を分析して自らの活動の軌道修正をしていくという方法が有効なのです。

なお、この第4節「予算を策定しコントロールする」の各項目についてもっと詳しく勉強したい方は、デイビッド・メッキン著『財務マネジメントの基本と原則』（東洋経済新報社）及び拙著『できる人になるための「財務3表」』（中央経済社）をお読みください。

ドラッカーのヒント 5

「顧客の創造」こそが事業の目的である

こうやって管理会計の説明をすると、数字を操作してＰＤＣＡ（Plan→Do→Check→Action）のサイクルを回すことが仕事だと思う人が出てくるのではないでしょうか。もちろん、ＰＤＣＡのサイクルを回し必要な利益をあげていくことは大切な仕事です。〈ドラッカーのヒント①〉（21ページ）でも述べたように、企業の目的は利益をあげることではありませんが、利益がなければ企業は存続できません。企業にとっての利益は、人間にとっての水のようなものです。人間は水を飲むために生きてはいませんが、水がなければいきていけません。企業も同じです。企業の第一の目的は利益をあげることではありませんが、企業は利益がなければ存在できません。そういう意味でドラッカーは、利益は企業の目的ではなく条件であると言います。

では、企業の目的は何でしょうか。ドラッカーは「企業の目的の定義は一つしかない。それは『顧客の創造』である」と言います。私はこの言葉を最初に聞いた時、「ドラッカーはどうしてこんな奇を衒《てら》ったような言い方をするんだろう。企業の目的は『顧客の満足』でいいじゃないか」と思いました。

確かに、顧客を満足させることは大切です。しかし、社会を生き物として見ていたドラッカーにとっては「顧客の満足」ではダメなのです。社会は生き物です。生き物は変化します。しかし、その変化は予測できない。つまり、将来はわからないのです。そのような常に変化し、その変化の先も予測できない世の中で生き残っていくためには、企業自らが変化を作り出していくしかない。変化の最先端に企業自らが立つしかないのです。

さらに、〈ドラッカーのヒント③〉（73ページ）で述べたように、顧客のニーズには実は顧客自身が認識していないものがたくさんあります。ドラッカーはコピー機やコンピューターを例にとりましたが、現代の日本でいえば、ユニクロのヒートテックもそうでしょう。温かい下着が欲しいと思っていた顧客はいたでしょうが、「汗を熱に変える下着を作ってほしい」とユニクロに要求した顧客がいたわけではないでしょう。

実は、このように顧客さえ認識していない顧客の潜在ニーズを満たした商品やサービスを提供できる企業こそが大きなビジネスを作り出しているのです。コンビニや宅配便も、昔にはそれによく似たサービスとしてよろず屋や郵便小包がありました。その昔、よろず屋や郵便小包が少し不便だなと思っていた人はいたでしょうが、現在のコンビニや宅配便の仕組みを明確にイメージして要望していた顧客はいなかったでしょう。

ドラッカーは、「市場は神や自然や経済によって生み出されるものではない。企業で働く人々によって生み出されるのだ」と言います。「顧客の満足」を超えた「顧客の創造」こそが企業の目的なのです。

では、この「顧客の創造」のために何をすればよいのか。それが〈ドラッカーのヒント③〉で述べた、マーケティングとイノベーションです。ドラッカーは、企業が持つべき基本的な機能はマーケティングとイノベーションの2つだけだと言います。なぜこの2つの機能がそんなに重要なのかは、日々の仕事を例にとって考えれば簡単に理解できます。

上司と部下の関係においていうと、部下が上司の期待に応えるのはマーケティングです。しかし、それだけではダメなのです。仕事の現場の詳細は部下の方がよく知っています。上司の期待を超えた仕事をするのがイノベーションです。これができて初めて一人前のビジネスパーソンになります。

会社も同じです。「顧客満足」「お客様第一主義」は大切です。でも、それだけでは不充分です。それは上司の言う通りに働く部下と同じようなものです。会社は自社が提供する商品やサービスについて、お客様より多くの情報や知識を持っています。お客様の期待を超えた新たな商品やサービスを提供し、新たな市場を創造することができて初めて一人前の会社と言えるのです。

第2章　利益と現金の違いを認識する

1　収支計算書だけでは起業できない

（1）収支計算書だけではわからないビジネスの全体像

第1章では、企業会計を通してビジネス全体を俯瞰しコントロールすることについて説明しました。この第2章では、企業会計における「現金」の位置付けについて説明します。

多くの人は、子供の頃からお金に関する表としては収支計算書しか見たことがありません。お小遣い帳も家計簿も現金の出入りを表す収支計算書です。ですから、通貨単位がついた数字が書かれている表を見ると、そこには現金のことが書かれていると、つい考えてしまいます。

特に日本人は「金」という字が使ってあると、それが現金であるかのような錯覚に陥ります。例えば、ＢＳの純資産の部の中にある「利益剰余金」は「会社が稼ぎ出してそれが会社に積み上がったお金」というように説明されるので、「利益剰余金」というお金が会社に積み上がっているような錯覚をします。しかし、「利益剰余金」という現金があるわけではありません。ＢＳの右側は、会社がお金を集めてきた方法について説明しているだけです。それも、実際に集めた現金のことを言っているのではなく、利益という会計上の概念をベースにして計算された「利益剰余金」という数字のことを言っているだけなのです。ＢＳの中で現金の存在を表すのは、ＢＳの左側にある「現金」のところだけです（図表2-1-1）。

企業会計の話をする場合、企業会計全体の仕組みのなかで「現金」の位置付けを明確にしておくことは大切です。ＰＬを見る場合でも、売上高が収入で費用が支出であるかのような勘違いをしてしまいがちですが、「利益」と「現金」は全く異なるものです。

ただ、現実的に言えば、ＰＬの中の売上高のほとんどが現金収入ですし、費用の中もほとんどが現金の支出です。売上高のなかで現金の動きと一致しないものは売掛による売上くらいですし、現金支出のない費用で大きなものは買

図表2-1-1
現金はBSの左側にある現金だけ

資産の部	負債の部
現金	
	純資産の部
	資本金 利益剰余金

掛による仕入と減価償却費くらいのものです。

では、なぜ売掛・買掛といった現金の動きのない取引を記載したり、減価償却費といった何年にもわたって使用する機械装置などの費用を、それら機械装置の使用年限に按分《あんぶん》してＰＬに計上するのでしょうか。

それは、事業年度という一定期間における正しい利益を計算するためなのです。もし、期限を区切らないのなら、すべての取引は現金ベースで考えればよくなります。売掛や買掛による取引も、時が経てば現金の取引になっていきますし、期限を区切らないのなら減価償却という概念も必要なくなります。

期限を区切った報告義務があるから、「現金」とは異なる「利益」という概念が必要になったのです。逆にいえば、期限を区切ったある一定期間の事業活動の正しい姿は、現金の出入りだけを表した収支計算書だけでは説明できないのです。

もう一つ収支計算書だけでは説明できないことがあります。それは借金の残高がいくらあるかとか、長年にわたって保有し続ける資産がどれくらいの価値として残っているか、といったことです。収支計算書には、借金の残高や資産価値の残高は表れません。

例えば、１年ごとに収支計算書を作ることにします。１年目に５年のローンで２００万円の借金をして、200万円の自動車を買ったとします。そうすると、1年目の収支計算書は図表2-1-2のようになります。

2年目以降の収支計算書はどうなるでしょう。借金は5年ローンでしたので、1年間に40万円（＝200万円÷5年）の借金返済額が支出として表れます。2年目に全く事業活動を行わなかったとすれば、収支計算書には支出として40万円が記載されるだけです（図表2-1-3）。

借金の1年間の返済額は収支計算書に表れますが、まだ借金が160万円残っているこ

図表2-1-2
1年目の収支計算書

（単位：万円）

収入	
借入金	200
収入合計	200
支出	
自動車	200
支出合計	200
残高	0

図表2-1-3
2年目の収支計算書

（単位：万円）

収入	
収入合計	0
支出	
借金返済	40
支出合計	40
残高	△ 40

図表2-1-4
試算表

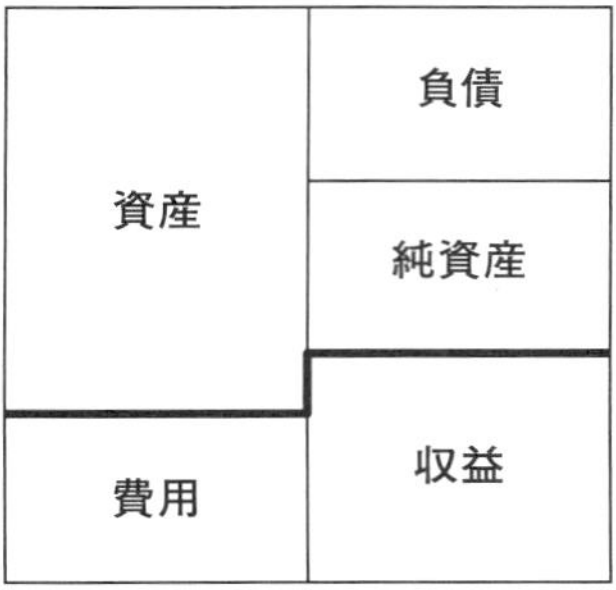

とは収支計算書には表れません。自動車関連については、2年目以降の収支計算書には何も出てきません。ましてや自動車の価値がその後どうなっているかなどは、収支計算書には何の記載もありません。つまり、収支計算書では借金や自動車の価値の残高は表せないのです。そこで現れたのが複式簿記会計です。

複式簿記とは、すべての取引を必ず2つの視点から見て、それを「資産」「負債」「純資産」「費用」「収益」の5つに分類して記載していくものです。複式簿記という方法ですべての取引を帳簿に記帳すると「試算表」という表が出来上がります（図表2-1-4）。

この試算表はすべての取引を記帳しているわけですから、会社の事業実態を表しています。

会社がお金を集めてくる方法は3つしかありません。試算表の右側に表されている、他人から借りる「負債」と、資本家から資本金として入れてもらう「純資産」と、会社が稼ぎだしてくる「収益」です。この３つの方法で集めたお金が、すでに「費用」として外部に支払われているものと何らかの形で会社の中に残っている「資産」の２つに分かれて試算表の左側に記載されているわけです。

この試算表を太線のところで上下に分けると、上がＢＳで下がＰＬになるわけですが、この複式簿記会計の登場で、収支計算書ではわからなかった負債や資産の残高が、売上や費用といった日々の事業活動と一緒に表されるようになったわけです。

そして、この複式簿記会計のおかげで、すべての企業に共通する３つの活動である「お金を集める」→「投資する」→「利益をあげる」という事業の全体像が説明できるようになったのです。

(2) 財務3表は一体で理解する

複式簿記会計のＰＬとＢＳのおかげで事業の全体像がわかるようになりましたが、逆にＰＬとＢＳだけでは現金の動きが簡単にわからなくなりました。日本では２０００年から上場企業及び会社法上の大会社に対して、キャッシュフロー計算書（ＣＳ）の作成が義務付けられました。ＣＳは現金の出入りを表したもの、つまり収支計算書です。

ＰＬとＢＳは複式簿記という簿記の方法で伝票を整理して作るものです。一方、単式簿記という簿記の方法で伝票を整理すると、収支計算書が出来上がります。つまり、ＰＬ・ＢＳという表とＣＳという表は作られ方が異なるのです。

「財務3表一体理解法」を使った会計研修をすると、受講生の方から「直接法のＣＳはわかりやすいが、間接法のＣＳはわかりにくい。どうして世の中にあるほとんどのＣＳは間接法で作られるのですか」というような質問を受けます。

私は研修の中では、「すべての伝票は複式簿記で整理されてＰＬとＢＳになっている。その同じすべての伝票をまた一から単式簿記で整理して収支計算書を作るのは大変だから、すでにあるＰＬとＢＳの数字を使って逆算で現金の動きを計算するという方法で作るのです」と答えています。

しかし、実はＰＬのほとんどの数字は現金の動きを表しています。企業間取引はその多くが売掛や買掛などの掛け商売と言われるものですが、売掛や買掛で取引をしても、その事業年度内に支払いが済んでいれば売掛や買掛ではなくなります。ある事業年度内に売掛金や買掛金として残るのは、年度内に売掛や買掛で取引があったもののうち、その年度内に現金の受け渡しがないものだけです。もう一つ、現金の動きがないのにＰＬが変化する

図表2-1-5　「財務3表一体理解法」による各表の関連図

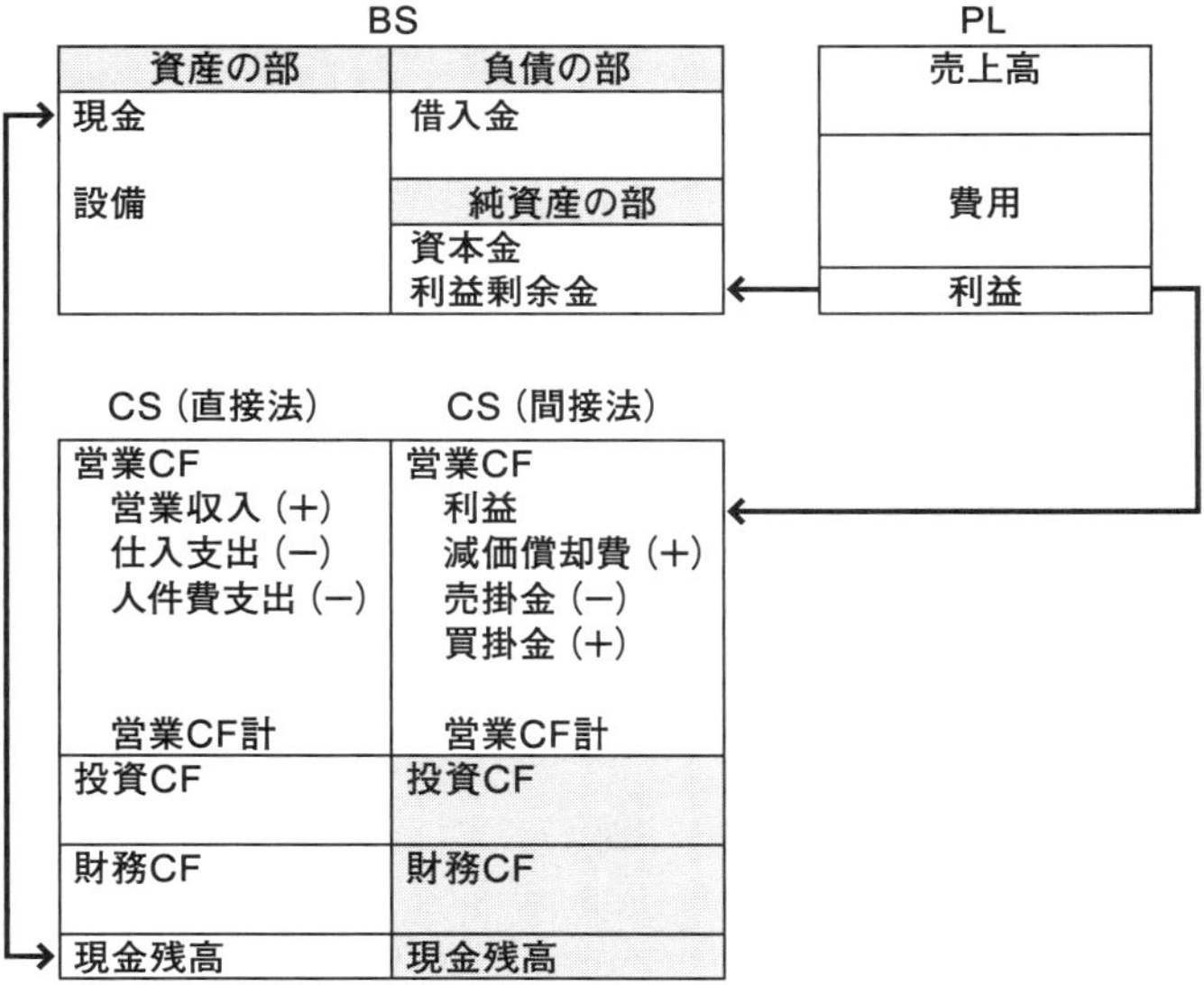

大きなものは減価償却費です。

　ＰＬ自体がほとんど現金の動きを表しているわけですから、ＰＬの中で現金の動きがない売掛・買掛といった掛け商売の取引と減価償却費だけを足し引き計算すれば、ＰＬから実際の現金の動きを求められるのです。これこそが間接法ＣＳの作り方なのです。

　複式簿記のＰＬとＢＳ、単式簿記の直接法ＣＳ、そしてＰＬとＢＳの数字から逆算で作る間接法ＣＳ——この４つの表の関連を図式化して説明したのが「財務３表一体理解法」です。復習の意味でこの４つの表の関連を図式化しておきましょう（図表2-1-5）。

ＰＬの利益は、ＢＳの利益剰余金とつながっています。ＢＳの左側にある「現金」がこの会社が現在「現金」の形で持っている財産ですから、これはＣＳの一番下の現金残高と一致します。間接法ＣＳはＰＬの利益を起点にして、「現金の動きがないのにＰＬの利益を変化させたもの」を足し引きして作ります。ですから、ＰＬの利益が間接法ＣＳの一番上にきています。

この「財務３表一体理解法」による４つの表の図式化により、ＰＬとＢＳとＣＳの関連がよくわかるようになりました。このことにより、当期の利益（ＰＬ）、財産の一覧（ＢＳ）、現金の動き（ＣＳ）という３つの視点で事業の全体像が理解できるようになったわけです。

(3)「財務3表」を作れば事業全体が手にとるように見えてくる

以上のような企業会計の全体像が理解できれば、収支計算書だけでは起業できないことがご理解いただけると思います。

現金の出入りは非常に重要ですが、収支計算書だけでは資産や負債といった財産の残高がどれだけあるかわかりません。また、企業には一定の期間を区切って、事業実態を報告する義務があります。税金の計算も事業年度ごとに行われますから、一定の期間における利益の計算が必要になります。逆に、ＰＬ・ＢＳ・ＣＳという３つの表が理解できれば、この３つの表で事業の計画を立てることができますし、何をしなければならないかもわかってきます。

事業は、店舗を作ったり工場を作ったりするためのお金を集めてくるところから始まります。つまり、事業はＢＳから始まります。そして、その店舗や工場を使って売上高を作りそれを利益に変えていきます。つまりＰＬに表れる活動です。

では、ＢＳとＰＬさえ作れば事業計画ができるのでしょうか。そうではありません。例えば、１年間の借金の返済額はＰＬにもＢＳにも表れません。ＰＬに表れるのは借入金に対する支払利息だけですし、ＢＳに表れるのはある時点における借金の残高だけです。「営業」と「投資」と「財務」の３つの活動における現金の出入りが簡単に確認できるのはＣＳです。

実は、「財務３表一体理解法」という勉強法を思いついたのは私の起業の経験がきっかけになっています。自分の会社を起ち上げる時、その当時のなけなしの会計知識を使って自分の会社の財務３表を作り３年間のシミュレーションをしてみました。そうすることで、ＰＬとＢＳがつながっていることや、売上が増えていっても現金が足りなくなる場合があることなどが理解できたのです。その時、財務３表をつなげて理解すると会計の全体像が見えてくると思ったことが、「財務３表一体理解法」という勉強法を生み出すきっかけでした。

では、起業を考えている方々のために、簡単な事業の起ち上げを想定して財務３表を作ってみましょう。私は竹とんぼの工作キットを販売していると言いましたが、今回はあなたが新しい竹とんぼ屋を開業する例で考えてみましょう。

会社はあなたが株主兼社長として運営します。竹とんぼ屋を運営するためには、竹材加工用に４００万円の工作機械が必要だとします。耐用年数は計算を簡単にするために４年にしておきましょう。あなたが貯めてきたお金を株主として拠出し、資本金２００万円でスタートします。株主兼社長は、中小企業にはよくある例です。

ただ、資本金の２００万円だけでは工作機械が買えません。工作機械の購入のために少し余裕を持って、３００万円を借り入れることにします。この資金調達と設備投資の状況が、１２３ページの図表2-1-6の一番上に「事業開始時のＢＳ」として記載されています。借入金３００万円と資本金２００万円の総額５００万円が、現在４００万円の工作機械と１００万円の現金として会社の中にあるわけです。

借入金の３００万円は3年間で返済するとして、1年ごとに元金１００万円ずつ返済します。初年度の利息は10万円としましょう。ですから1年目は、元金返済額の１００万円と年間利息10万円の合計１１０万円を金融機関に支払うことになります。

この工作機械を使って、竹とんぼ工作キットの製造販売をします。1年間の売上高を１２００万円としました。その売上原価は７２０万円、したがって売上総利益（粗利）は４８０万円です。粗利率40％の商売です。この売上原価は、すべて変動費とします。

販売費及び一般管理費（販管費）は３６０万円とします。あなたの年間の給料がほとんどだと考えてください。販管費はすべて固定費とします。これとは別に、減価償却費１００万円（＝工作機械４００万円÷耐用年数４年）が販管費として計上されます。したがって営業利益は20万円です。支払利息は10万円でしたから、税引前当期純利益は10万円になります。

〈注記〉

今回の例では特別利益や特別損失はないことにします。そうすると経常利益と税引前当期純利益が一致しますので、表の構造をシンプルにするために「経常利益」の項目を割愛しています。

法人税等を3万円とすると当期純利益は7万円になります。法人税は税引前当期純利益の30％程度だとしておきましょう。

PL

売上高	1200
売上原価（変動費）	720
売上総利益（粗利）	480
販管費（固定費）	360
減価償却費	100
営業利益	20
支払利息	10
税引前当期純利益	10
法人税等	3
当期純利益	7

〈注記〉

税額は税引前当期純利益に税率を掛けて計算するのではなく、税法に従って課税所得を計算し、その課税所得に税率を掛けて計算します。ここでは便宜的に、税引前当期純利益の30％程度が税額だと考えておいてください。

図表2-1-6　起業のための財務3表

事業開始時のBS

（単位：万円）

資産の部		負債の部	
現金	100	借入金	300
設備（工作機械）	400	**純資産の部**	
		資本金	200
		利益剰余金	
資産合計	500	負債純資産合計	500

期末のBS

資産の部		負債の部	
現金	110	借入金	200
		未払法人税等	3
設備（工作機械）	300	**純資産の部**	
		資本金	200
		利益剰余金	7
資産合計	410	負債純資産合計	410

CS（直接法）

営業キャッシュフロー	
営業収入	1200
仕入支出	−720
販管費支出	−360
小計	120
利息の支払額	−10
法人税等の支払額	
営業CF計	110
投資キャッシュフロー	
固定資産の取得	−400
投資CF計	−400
財務キャッシュフロー	
借入金収入	300
借入金返済	−100
株式発行収入	200
財務CF計	400
期末現金残高	110

CS（間接法）

営業キャッシュフロー	
税引前当期純利益	10
減価償却費（+）	100
支払利息（+）	10
売掛金の増加（−）	
棚卸資産の増加（−）	
小計	120
利息の支払額	−10
法人税等の支払額	
営業CF計	110
投資キャッシュフロー	
固定資産の取得	−400
投資CF計	−400
財務キャッシュフロー	
借入金収入	300
借入金返済	−100
株式発行収入	200
財務CF計	400
期末現金残高	110

ＰＬ計画ができれば期末のＢＳが作れます。ＰＬの当期純利益７万円は、期末のＢＳの利益剰余金に積み上がっています。法人税の支払いは決算期の翌日から数えて2カ月以内、つまり法人税はＰＬにはその数値を計上しますが、その期のうちには支払いません。したがって、ＢＳの負債の部に「未払法人税等」として3万円を計上します。つまり、あなたの会社は将来3万円の法人税の支払義務を負っているということがＢＳに表されているわけです。借入金の元金は毎年１００万円ずつ返済することになっていますので、期首に借りた３００万円の期末の借入金残高は２００万円になります。すると、ＢＳの右側の合計は４１０万円になります。

次に期末のＢＳの左側を見てみましょう。

ＢＳの左側の工作機械は減価償却費が今期１００万円計上されましたから、期末の工作機械の帳簿上の価値は３００万円になります。この1年間に、工作機械４００万円の価値のうちの１００万円分の価値を使いきったという認識です。その価値の減少分が減価償却費という形でＰＬに計上されているわけです。

そうすると、ＢＳの現金は１１０万円になるはずです。ＢＳの右側の合計が４１０万円で、左側は工作機械の価値が３００万円ですから、現金は１１０万円になるわけです。ＢＳの現金の額は、ＢＳのその他の項目が確定すれば最終的に差引計算で求められます。

財務諸表の仕組みは本当に巧妙なのですが、ＢＳの現金以外の項目を確定させて最終的に差引計算で求めた、この１１０万円という期末の現金の額は本当に正しいのでしょうか。期首の現金は１００万円でしたから、この1年で現金が10万円増えたわけです。なぜ、10万円の現金が増えたのでしょう。1年間の現金の動きは、ＰＬとＢＳの数字だけではすぐにはわかりませんね。

今期の1年間の現金の動きとしては、いろいろな種類のものがありました。最初に資本金２００万円と借入金３００万円でお金を集めました。このうちから工作機械を買うために４００万円を支払いました。借金の元金部分１００万円を返済しましたし、利息の10万円も支払いました。営業活動で現金が入ってきていますし、仕入や給料の支払いでお金が出ていっています。

これら1年間の現金の動きを整理して、期末の現金が１１０万円で正しいのかどうか確認してみましょう。この1年間の現金の動きを整理しているのが直接法のＣＳです。まず一番下の財務キャッシュフローから見ていきましょう。資本金の２００万円が株式発行収入として記載されています。借入金は３００万円でしたが、すでに１００万円を返済しています。

次は、その上の投資キャッシュフローを見てください。投資キャッシュフローは、工作機械という固定資産の取得で４００万円が出ていっています。

最後は直接法の営業キャッシュフローです。今期の事業活動はすべて現金取引だったとします。

売上高は１２００万円でしたから、それが営業収入として記載されています。売上原価としての仕入は７２０万円でしたから、それが仕入支出としてマイナスの数字で記載されています。販管費（あなたへの給料）は３６０万円でした。これも会社があなたに支払ったお金ですから、マイナスの数字となります。減価償却費の１００万円は、今期の正しい利益を計算するために工作機械の1期分の費用としてＰＬに数字を計上しただけで、いっさい現金の動きのないものですから営業キャッシュフローには何も出てきていません。利息の支払額は10万円でした。法人税は今期支払っていませんので、今期のＣＳには何も表れません。

これらの今期の現金の動きをすべて計算してみてください。期末の現金残高が１１０万円になるはずです。ＢＳの現金の額１１０万円は、ＢＳの右側の合計４１０万円から工作機械の期末の価値３００万円を差し引いて出てきた数字でしたが、現金の動きをＣＳで計算してみるとちゃんと残高１１０万円になっています。財務諸表というのは、本当にミラクルのように絶妙な仕組みで作られていますね。

最後に、この現金の動きを間接法のＣＳでも確認しておきましょう。今期の事業活動はほとんどが現金商売でしたから、ＰＬの動き自体がほぼ現金の動きを表しています。ただ、現金の動きがないのにＰＬを変化させたものが一つだけあります。減価償却費の１００万円です。この減価償却費は現金の動きがないのに費用として計上され利益を押し下げたわけですから、ＰＬの４番目の利益の「税引前当期純利益」を起点にして実際の現金の動きを求める間接法ＣＳでは、この減価償却費分を足し戻さなければなりません。

〈注記〉

間接法ＣＳで足し戻されているものがもう一つあります。支払利息です。なぜ支払利息を足し戻しているかというと、営業キャッシュフローの「小計」がその会社の純粋な営業活動によるキャッシュフローを表しているところだからです。利息は純粋な営業キャッシュフローには含まれない、つまり「小計」の下側に記載される項目です。「小計」で純粋な営業キャッシュフローが求められていなければならないのに、その計算の起点となる「税引前当期純利益」にはＰＬの中で支払利息が影響してしまっています。この支払利息の影響を消し去るために、間接法ＣＳの中で支払利息を足し戻しているのです。このことにより「小計」では利息の影響のない純粋な営業キャッシュフローが求められ、その下で改めて利息の支払額を計上するというわけです。少しややこしいですが、この利息のところだけ無視して考えれば、間接法キャッシュフローにおけるキャッシュの計算方法も簡単に理解できると思います。

繰り返しますが、現実的にはＰＬの動きのほとんどは現金の動きを表しています。売掛・買掛といった現金の動きを伴わない掛け商売がなくて減価償却費も発生しなければ、ＰＬと直接法ＣＳの営業キャッシュフローは同じ数字が記載されることになるのです。

この内容は拙著『財務3表一体理解法』の復習のようですが、ここでは具体的な例を使って起業の財務3表を作ってみました。このように財務3表を作れば、まず事業に必要な投資がどれだけで、その投資に必要なお金をどうやって集めてくればよいかがＢＳで認識できます。そして、その投資したものを使って事業を行って、1年間にどれだけの売上をあげ、どれくらいの利益が出てくるかがＰＬで計算できます。最後に、それらの資金集めや投資活動や営業活動によって、どれだけの現金の動きがあるかがＣＳで確認できるわけです。

起業を考えている方はこの例を参考にして、あなたが企画しているビジネスの財務３表を作ってみてください。

（４）売上が増えたら現金が足りなくなる不思議な現象

読者の皆さんは、「売上が増えたら現金が足りなくなる」という話を聞いたことはありませんか。実際にいくつもの企業で、売上が拡大する局面で現金が足りなくなっています。起業を考えている人は、そのような現象がなぜ起こるのかを理解しておく必要があります。また、実際にビジネスを行う場合は、売上が拡大する局面で現金が足りなくなることを予想して、事前に手を打っておかなければなりません。

では、図表2-1-6で説明した事業の状況を少しだけ変えて、売上が増えると現金が足りなくなるという現象が起こる理由をご説明しましょう。１２３ページの図表2-1-6と同じビジネスを行うのですが、２つだけ条件を変えます。

第1点は、1年間の売上高１２００万円のうち2カ月分の売上高にあたる２００万円が売掛の売上だったとします。企業間取引はほとんどが掛け商売であり、このような状況が発生するのは一般的です。1年間の売上のうち、期末近くになって販売した２００万円の売上の代金回収が期末までに行われなかったという状況です。

第2点は、この竹とんぼ事業を行うには、6カ月分（３６０万円）の原料在庫を持っておかないと安心して営業活動ができないと仮定します。これも極めて一般的です。私の竹とんぼ屋は、竹材を海外から調達しています。発注から納品まで3カ月くらいかかりますから、常に6カ月分程度の竹材の在庫を置いています。

以上2点の条件を変えたことにより、財務3表は図表2-1-7のように変化します。変化しているのは太字になっていると

PL

売上高	1200
売上原価（変動費）	720
売上総利益（粗利）	480
販管費（固定費）	360
減価償却費	100
営業利益	20
支払利息	10
税引前当期純利益	10
法人税等	3
当期純利益	7

図表2-1-7　条件を変えた場合の財務3表

事業開始時のBS

（単位：万円）

資産の部		負債の部	
現金	100	借入金	300
設備（工作機械）	400	**純資産の部**	
		資本金	200
		利益剰余金	
資産合計	500	負債純資産合計	500

期末のBS

資産の部		負債の部	
現金	−450	借入金	200
売掛金	**200**	未払法人税等	3
在庫	**360**		
設備（工作機械）	300	**純資産の部**	
		資本金	200
		利益剰余金	7
資産合計	410	負債純資産合計	410

CS（直接法）

営業キャッシュフロー	
営業収入	**1000**
仕入支出	**−1080**
販管費支出	−360
小計	−440
利息の支払額	−10
法人税等の支払額	
営業CF計	−450
投資キャッシュフロー	
固定資産の取得	−400
投資CF計	−400
財務キャッシュフロー	
借入金収入	300
借入金返済	−100
株式発行収入	200
財務CF計	400
期末現金残高	−450

CS（間接法）

営業キャッシュフロー	
税引前当期純利益	10
減価償却費（+）	100
支払利息（+）	10
売掛金の増加（−）	**−200**
棚卸資産の増加（−）	**−360**
小計	−440
利息の支払額	−10
法人税等の支払額	
営業CF計	−450
投資キャッシュフロー	
固定資産の取得	−400
投資CF計	−400
財務キャッシュフロー	
借入金収入	300
借入金返済	−100
株式発行収入	200
財務CF計	400
期末現金残高	−450

ころだけですから、太字の数字だけに注目してください。なお、変化させた太字の数字の影響で、結果として変化した現金などは太字にしていません。

まず、期末のＢＳから見ていきましょう。売上高１２００万円のうち２００万円が売掛による売上だったわけですから、ＢＳの左側の売掛金に２００万円が計上されています。さらに売掛金の下には在庫３６０万円が計上されています。ＢＳの左側の合計はＢＳの右側の合計の４１０万円と一致しなければなりませんから、現金はマイナス４５０万円となります。

これは現実にはありえないＢＳです。現金がマイナスになるようなら、この足りない部分を借入金で補うか資本金を入れて補うかしなければなりません。ただ、財務３表でシミュレーションを行うと、このような売掛や多くの在庫を抱えるビジネスでは現金が足りなくなることがわかります。

第１期で４５０万円の現金が足りなくなっている内訳を、直接法ＣＳで確認しておきましょう。営業収入は１０００万円になっています。今期の売上高は１２００万円ですが、そのうちの２００万円がまだ回収できていないわけですから、今期営業収入として現金が入ってきたのは１０００万円（＝１２００万円－２００万円）だけです。

仕入はすべて現金で行ったと仮定します。今期１２００万円の売上をあげるための仕入原価は７２０万円でした。ただし、これに加えて６カ月分の在庫が必要なのですから、今期にさらに３６０万円の仕入を行ったわけです。ですから仕入支出は１０８０万円（＝７２０万円＋３６０万円）になります。これらの条件変更を反映して直接法ＣＳを計算すると、期末の現金残高はマイナス４５０万円になります。

間接法ＣＳの方も説明しておきましょう。間接法ＣＳに関して図表２-１-６との違いは「売掛金の増加（－）」の項目にマイナス２００万円が入っている点と、「棚卸資産の増加（－）」にマイナス３６０万円が入っている点です。

まず、「売掛金の増加（－）」のマイナス２００万円から説明しましょう。図表２-１-６も図表２-１-７も売上高は１２００万円です。図表２-１-６では売上高はすべて現金収入でした。しかし、図表２-１-７では売掛金分の２００万円の現金がまだ回収できていませんから、売掛金の２００万円分だけ現金が少なくなっているはずです。これが「売掛金の増加（－）」のマイナス２００万円の意味です。

次は在庫です。図表２-１-６では在庫はありませんでしたが、図表２-１-７では在庫が３６０万円分増えています。これは今期中に現金で仕入れたので、この在庫の仕入に必要な現金３６０万円が少なくなっているはずです。ところが、ＰＬの売上原価は売上高に対応する分だけしか計上されませんので、在庫の仕入分はＰＬには何も表れません。したがって、この在庫の影響のないＰＬの税引前当期純利益をベースにして現金の動きを計算しようと思えば、在庫仕入の３６０万円分は差し引いておかなければなりません。これが「棚卸資産の増加（－）」のマイナス３６０万円の意味です。

このようにＰＬは全く変化がなくても、売上高の一部が売掛金による売上であったり、売上高の一定比率の在庫が必要であったりする場合、利益は黒字でも現金が足りなくなることがあるのです。

ただ、ＢＳの現金がマイナスの状態になっていることに違和感を抱いている方もおられると思います。確かに現実的にはＢＳの現金がマイナスになることはありません。前述したように、現金がマイナスになりそうなとき、つまり現金が足りなくなりそうなときは、どこかからお金を調達してこなければならないからです。

とりあえず、今回はさらに資本金５００万円を増やしたことにしましょう。これを表しているのが図表2-1-8です。ＢＳの資本金は、事業開始時の２００万円に今回の期中の増資分の５００万円を加えて合計で７００万円になります。このことが期末のＢＳに表されています。ＣＳの株式発行収入も、今期全体では７００万円の入金があったことを意味しています。これで期末のＢＳの現金はかろうじてプラス50万円になっています。

ここまでの内容は、「売上が増えると現金が足りなくなる」という現象を説明するための準備段階でした。これから説明する内容こそが、「売上が増えると現金が足りなくなる」という現象です。ここから少し気合いを入れて読み進めてください。

現時点では増資によってなんとか現金50万円がありますが、現金50万円だけではこころもとないので、売上を2倍にしてもっと手元の現金を増やすことを計画したとします。

これまでの条件はいっさい変えず、売上高が2倍になった例を見てみましょう（図表2-1-9）。売上高が変化していますので売上原価も変化していますが、売上原価率は売上に対して60％のまま変えていません。販管費は固定費ですから、売上が2倍になっても３６０万円のままとします。売掛金は年間売上高の2カ月分、在庫は仕入高の6カ月分とします。税率は１２３ページ図表2-1-6の時と同じように税引前当期純利益の30％とします。

図表2-1-8と図表2-1-9の違いを見てみましょう。変化しているのは太字の数字だけですから、それだけに注目してください（ここでも、変化させた太字の数字の影響によって結果的に変化した数字は太字にしていません）。

　PLの売上は2倍になり、売上原価も2倍になっています。販管費は固定費ですから、当期純利益は7万円から３４３万円に大幅に増えています。当然税金も3万円から１４７万円に増えています。

　期末のBSの左側は、売掛金が２００万円から４００万円に2倍に増え、在庫も３６０万円から７２０万円に2倍になっています。売上高の伸びに正比例しています。

　注目していただきたいのは現金です。現金は図表2-1-8ではなんとかプラスの50万円になっていたのが、今回はマイナス30万円になっています。売上高が2倍に増え利益も大幅に増えているというのに、現金は少なくなっているのです。

　このマイナス30万円という現金の額が間違いないか、直接法CSで確認しましょう。まず営業収入です。売上高は２４００

PL

売上高	1200
売上原価（変動費）	720
売上総利益（粗利）	480
販管費（固定費）	360
減価償却費	100
営業利益	20
支払利息	10
税引前当期純利益	10
法人税等	3
当期純利益	7

図表2-1-8　500万円の増資をした場合の財務3表

事業開始時のBS

（単位：万円）

資産の部		負債の部	
現金	100	借入金	300
設備（工作機械）	400	**純資産の部**	
		資本金	200
		利益剰余金	
資産合計	500	負債純資産合計	500

期末のBS

資産の部		負債の部	
現金	50	借入金	200
売掛金	200	未払法人税等	3
在庫	360		
設備（工作機械）	300	**純資産の部**	
		資本金	**700**
		利益剰余金	7
資産合計	910	負債純資産合計	910

CS（直接法）

営業キャッシュフロー	
営業収入	1000
仕入支出	−1080
販管費支出	−360
小計	−440
利息の支払額	−10
法人税等の支払額	
営業CF計	−450
投資キャッシュフロー	
固定資産の取得	−400
投資CF計	−400
財務キャッシュフロー	
借入金収入	300
借入金返済	−100
株式発行収入	**700**
財務CF計	900
期末現金残高	50

CS（間接法）

営業キャッシュフロー	
税引前当期純利益	10
減価償却費（+）	100
支払利息（+）	10
売掛金の増加（−）	−200
棚卸資産の増加（−）	−360
小計	−440
利息の支払額	−10
法人税等の支払額	
営業CF計	−450
投資キャッシュフロー	
固定資産の取得	−400
投資CF計	−400
財務キャッシュフロー	
借入金収入	300
借入金返済	−100
株式発行収入	**700**
財務CF計	900
期末現金残高	50

万円でしたが、このうち2月分の４００万円が売掛による売上で現金が回収されていないので、営業収入は２０００万円（＝２４００万円－４００万円）です。仕入支出は売上原価の１４４０万円に在庫の７２０万円を加えた２１６０万円がマイナスの数字で入っています。

同じく、これらの変更点を反映した間接法ＣＳも確認しておきましょう。税引前当期純利益は４９０万円で、今回変化したのは「売掛金の増加（－）」がマイナス４００万円になっている点と、「棚卸資産の増加（－）」がマイナス７２０万円になっている点だけです。考え方は図表2-1-7の時と同じです。これらを反映して間接法ＣＳを計算すると、現金の残高はマイナス30万円になります。

PL

売上高	**2400**
売上原価（変動費）	**1440**
売上総利益（粗利）	960
販管費（固定費）	360
減価償却費	100
営業利益	500
支払利息	10
税引前当期純利益	490
法人税等	147
当期純利益	343

売上を2倍にすることによって、現金はプラス50万円がマイ

図表2-1-9　売上高を2倍にした場合の財務3表

(単位：万円)

事業開始時のBS

資産の部		負債の部	
現金	100	借入金	300
設備（工作機械）	400	純資産の部	
		資本金	200
		利益剰余金	
資産合計	500	負債純資産合計	500

期末のBS

資産の部		負債の部	
現金	−30	借入金	200
売掛金	**400**	未払法人税等	147
在庫	**720**		
設備（工作機械）	300	純資産の部	
		資本金	700
		利益剰余金	343
資産合計	1390	負債純資産合計	1390

CS（直接法）

営業キャッシュフロー	
営業収入	**2000**
仕入支出	**−2160**
販管費支出	−360
小計	−520
利息の支払額	−10
法人税等の支払額	
営業CF計	−530
投資キャッシュフロー	
固定資産の取得	−400
投資CF計	−400
財務キャッシュフロー	
借入金収入	300
借入金返済	−100
株式発行収入	700
財務CF計	900
期末現金残高	−30

CS（間接法）

営業キャッシュフロー	
税引前当期純利益	490
減価償却費（+）	100
支払利息（+）	10
売掛金の増加（−）	**−400**
棚卸資産の増加（−）	**−720**
小計	−520
利息の支払額	−10
法人税等の支払額	
営業CF計	−530
投資キャッシュフロー	
固定資産の取得	−400
投資CF計	−400
財務キャッシュフロー	
借入金収入	300
借入金返済	−100
株式発行収入	700
財務CF計	900
期末現金残高	−30

ナス30万円になってしまいました。この時点ではまだ法人税１４７万円を支払っていませんので、この法人税の支払いを考慮すると現金のマイナス幅はさらに広がります。この法人税の支払いのための現金も含めて、またどこかからお金を工面してこなければなりません。

　このように、売上高のうちの一定割合が売掛による売上であったり、売上高の一定率の在庫が常に必要なビジネスでは、売上高が増えれば増えるほど現金が足りなくなっていくことがあるのです。実際にビジネスを行う場合は、このような現象が起こりうることをよく認識しておかなければなりません。

2　キャッシュフローはごまかせない

(1)「利益は意見、現金は事実」と言われるわけ

これまで説明してきたように、利益と現金は異なるものです。ある一定期間の正しい利益を計算するということで、利益には意味があります。しかし、利益はあくまでも会計上のルールに従って計算された数字でしかありません。ですから、利益が赤字になったからといって、すぐに会社が倒産することはまずありません。会社が何年も赤字を続けていても、いくらでもお金を供給し続けてくれるパトロンがついていれば、会社がつぶれることはないのです。会社が倒産するのは、支払わなければならない現金が工面できなくなったときです。つまり、キャッシュが回らなくなったときに会社は倒産するのです。

「利益は意見、現金は事実（Profit is an opinion, cash is a fact.）」という言葉があります。現金は動かしようのない現実ですが、利益は会計のルールに従って計算した数字でしかあ

りません。会計のルールは正しい利益を計算するために作られているのですが、そこにはいろいろな前提や認識や判断があります。例えば、減価償却費の計上には毎年一定額を計上する定額法と、毎年一定率で計上する定率法があります。まったく同じ事業活動をしている2つの会社があったとしましょう。一つの会社は定額法で減価償却し、もう一方の会社は定率法で減価償却を行ったとします。まったく同じ事業活動を行っていても、減価償却を定額法で行うか定率法で行うかで利益は変わってきます。つまり、利益は財務諸表の作成に責任を持つ財務部長や社長の考え方によって変化するのです。

さらにこの利益という数字は、社長が悪意をもって意図的に変えようと思えば、いくらでもその方法はあります。これを粉飾といいます。粉飾という言葉を聞くと、利益を圧縮して税金を減らそうとするものだと思うかもしれませんが、実はそれはカワイイもので、世の中で大きな問題になる粉飾は、赤字を黒字に見せかけようとする粉飾です。

例えば、売掛による売上が計上されれば、現金の動きはなくても売上は増えます。一般的に売上が増えれば利益も増えます。ですから、売掛金を増やせば簡単に利益を増やすことができます。そして、会社の外部からは、その売掛金が本当に実在するものなのかどうかは簡単には見破れません。財務諸表に計上されている売掛金が実在するかどうかは、社内の帳簿を見なければわかりませんし、もっと言えば、その売掛による売上の対象顧客に確認しなければ正確なところはわからないのです。

ですから、私は財務諸表を見るとき、ＰＬだけでなく必ずＣＳを見ます。利益がしっかり出ているのに、ＣＳの営業キャッシュフローがマイナスになっている会社があれば、その理由を確認します。原因が合理的なものであればよいのですが、売掛金や在庫などが突然大幅に増えていたりしたら、もう少し突っ込んだ調査が必要になります。

現金は非常にごまかしにくいものです。すべての取引は、最終的に現金の取引になっていきます。売掛金や買掛金も、時が経てば現金の取引になります。そして、「１００万円の取引があったので帳簿にそう記入しましたが、最終的に現金の動きはありませんでした」では済まされないのです。現金こそが事実であり実態なのです。

(2) オリンパス粉飾決算における現金の複雑な動き

オリンパスの粉飾決算が世間を騒がせました。２０１１年12月６日付の第三者委員会の調査報告書（以下「報告書」と呼ぶ。なお、この報告書はオリンパス株式会社のホームページhttp://www.olympus.co.jp/jp/info/2011b/if111206corpj.cfmからダウンロードできます）によれば、粉飾の方法と粉飾のための現金の動きは極めて複雑です。ただ、粉飾の目的とその方法を簡単に言えば、株式投資などの財テクの失敗による巨額の損失（「報告書」によれば、１９９０年代後半には約１０００億円の含み損があったとされています）を隠すために、損失分離とその分離した損失を解消するための操作が行われたということです。

詳細な内容は「報告書」をご覧いただく必要がありますが、この一連の粉飾の基本的な仕組み自体は『財務３表一体理解法』をお読みいただいている方なら理解可能です。ただ、時価会計、減損会計、のれんなどの会計処理がわからないと、これから説明する内容は理解できませんので、ずっと以前に『財務３表一体理解法』をお読みになった方はもう一度、『財務３表一体理解法』の第３章と第４章を確認しておいてください。

では、オリンパスの粉飾の仕組みを簡単に説明しましょう。

オリンパスが財テクを始めた１９８５年頃は、金融資産の会計処理は取得原価主義でした。つまり、株式などの時価が変動しようと、財務諸表上には取得価格を記載しておけばよかったのです。その後、時価評価主義に転換していったのですが、時価評価になれば金融資産の評価損が表面化してきます。

金融資産の時価評価による損失を隠すために、オリンパスは連結決算の対象とならない受け皿ファンドを海外に創設し、含み損を持つ金融商品をこの受け皿ファンドに簿価（含み損を考慮しない取得原価のまま）で買い取らせました。

しかし、簿価で買い取るには、受け皿ファンドは巨額の現金を準備しなければなりません。1000億円の含み損があるということは、仮に保有している金融資産の時価が「0」にまで下落していたとしても、簿価は1000億円あるわけですから、これを買い取るには1000億円の資金が必要になります。オリンパスはこの資金を受け皿ファンドに流すために、海外の銀行に巨額の預金をし、その預金を担保にしてその銀行から受け皿ファンドに融資（口座担保貸付）させていました。こうすれば、オリンパスが直接受け皿ファンドにお金を流したことにはならなくなります。

1999年3月期のオリンパスの現金及び預金は約850億円。当時の売上高が約4000億円ですから、月商の約2・5カ月分の現金を持っていたわけです。日本の大手電機メーカーの現金及び預金はだいたい月商の1カ月から1・5カ月程度ですから、オリンパスの現金保有額はかなり多めです。オリンパスがかなり多めの現金を保有しておかなければならなかった理由が、この損失隠しの仕組みにあったのです。

また、この資金の流れ以外にもオリンパスは、2000年にオリンパス自身が投資事業組合を作り、その組合から受け皿ファンドに資金を流していました。２０００年３月期のオリンパスのＢＳには、それまでなかった３００億円の出資金が突然表れます。

損失隠しのための準備の仕組みを図にしておきましょう。実際の仕組みとお金の動きはかなり複雑です。これから示す図表は、オリンパスの粉飾の基本的な仕組みを理解するための概略図であり、図表の中の数字も実際のお金の流れとは一致していません。実際の仕組みとお金の流れを知りたい方は「報告書」をお読みください。

図表2-2-1のように、オリンパスと受け皿ファンドの間に海外銀行と投資事業組合をかませることにより、海外銀行からの融資として８００億円、投資事業組合からの出資として３００億円、合計で１１００億円のお金が間接的に受け皿ファンドへつぎ込まれていました。これで含み損のある有価証券を分離する準備が整いました。

図表2-2-1のオリンパスのＢＳの中にある有価証券１０００億円は、すでに価値が下がっていて実際にはもうほとんど価値がない状態になっていたと考えてください。実際には価値のないこの帳簿上１０００億円の有価証券を、１０００億円のまま受け皿ファンドが買い取ります。それが**図表2-2-2**です。このように、含み損を表面化させないために他の会社に転売する方法を証券業界では「飛ばし」と言います。

図表2-2-1
受け皿ファンドの組成による損失隠しの準備

（単位：億円）

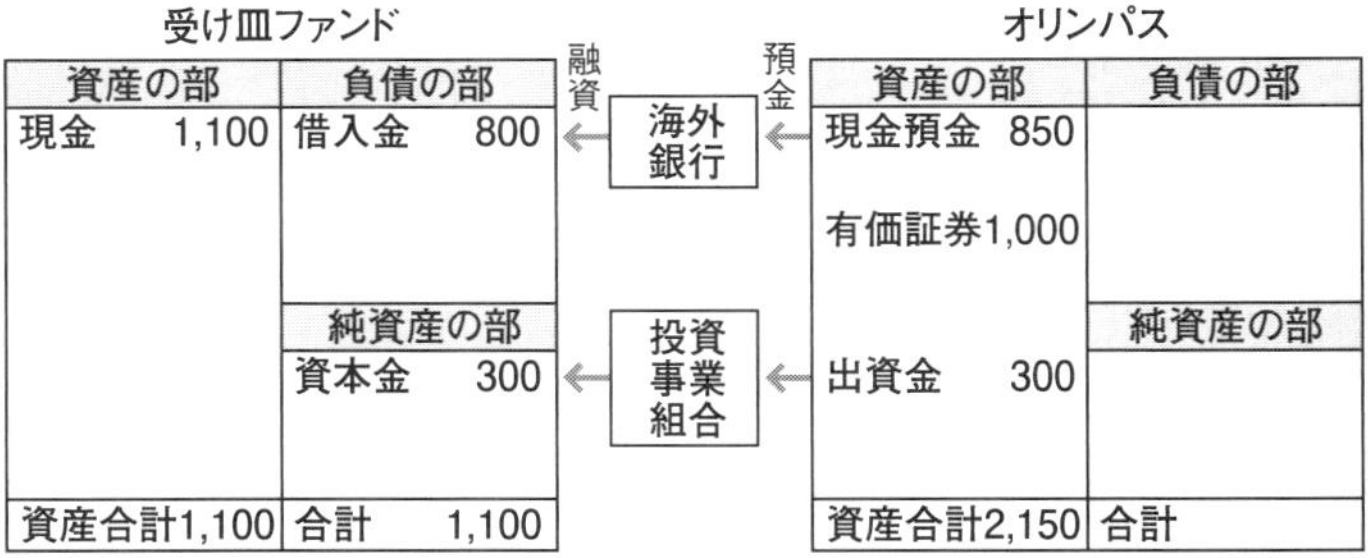

図表2-2-2
飛ばしによる含み損の分離

（単位：億円）

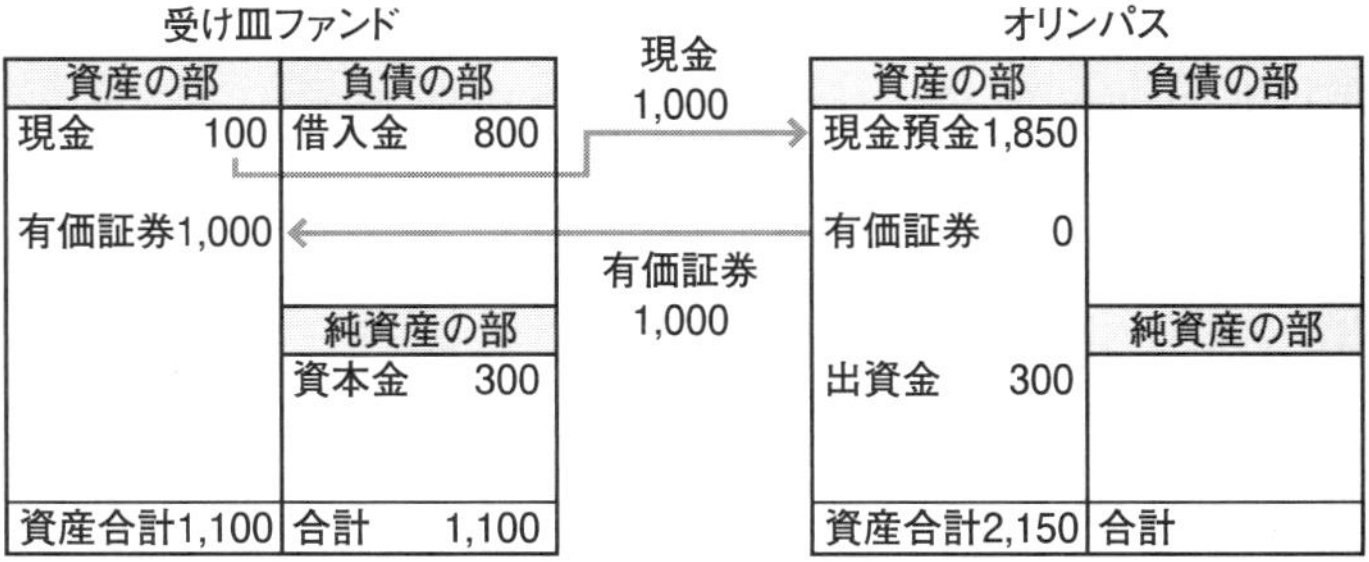

これで話が終わればいいのですが、そうはいきません。受け皿ファンドに海外銀行から融資してもらった８００億円は返済しなければなりません。しかし、受け皿ファンドには返済のための充分なお金はありません。受け皿ファンドのＢＳを時価会計を適用した形で作り直すと、図表2-2-3のようになります。

有価証券は、帳簿上１０００億円のものが現実には50億円だったと仮定してください。９５０億円の含み損があったということになります。短期の売り買いで利ザヤを稼ごうとする売買目的有価証券の評価損はＰＬの有価証券評価損に計上され、その額（今回の場合は９５０億円）だけ利益を圧縮し、それがＢＳの利益剰余金とつながっているので、今回の場合はＢＳの利益剰余金が９５０億円押し下げられた形にしています。

この受け皿ファンドは８００億円の借金を返済しなければなりませんが、現金は１００億円しかありません。また、２００７年の会計基準の変更により、主要な投資先を連結決算に直接組み込むことが必要になり、損失隠しが露見する危険性が出てきました。そこでオリンパスが考えたのがＭ＆Ａを活用した、損失隠し全体の仕組みを解消する方法です。

この損失解消の仕組みも、実際には多くの会社が登場しいくつもの方法が組み合わされているのですが、ここでは話を簡単にして、これまで説明してきた受け皿ファンドだけを使って概念的に説明します。

この受け皿ファンドは、３つの会社の株を安い価格で購入していました。この株をオリンパスが極端に高額な値段で購入し、受け皿ファンドにお金を流す方法を考えたのです。

例えば、この受け皿ファンドが３つの会社の株を総額10億円で購入しその株を保有していたとすると、図表2-2-3の受け皿ファンドのBSは図表2-2-4のようになります。

図表2-2-3
時価会計を適用した受け皿ファンドのBS

（単位：億円）

受け皿ファンド

資産の部		負債の部	
現金	100	借入金	800
有価証券	50		
		純資産の部	
		資本金	300
		利益剰余金	△950
資産合計	150	負債純資産合計	150

図表2-2-4
受け皿ファンドによる株の取得

（単位：億円）

受け皿ファンド

資産の部		負債の部	
現金	90	借入金	800
有価証券	50		
		純資産の部	
		資本金	300
株式	10	利益剰余金	△ 950
資産合計	150	負債純資産合計	150

次に、この10億円の価値しかない株式をオリンパスが８００億円で買い取ったとすると、受け皿ファンドのＢＳとオリンパスのＢＳは図表2-2-5のようになります。図の右側のオリンパスのＢＳは、図表2-2-2からの変化だと考えてください。

株の購入代金として現金８００億円が、オリンパスから受け皿ファンドへ動きます。一方、受け皿ファンドの株式10億円はオリンパスに移ります。資産価値10億円しかない株式を８００億円で買った場合、その差額７９０億円は「のれん」としてオリンパスのＢＳに計上されます。ちなみに、受け皿ファンドのＢＳの利益剰余金はもともと△９５０億円でしたが、今回10億円の株を８００億円で売却したため特別利益が７９０億円出て、△１６０億円（＝△９５０億円＋７９０億円）になっています。

これで受け皿ファンドは、借金返済のための現金を確保できたことになります。しかし、オリンパスが買収した3社の「のれん」の資産価値が実態と大幅にかけ離れていると監査法人から指摘され、オリンパスは２００９年3月期にこの「のれん」について約５５０億円の減損処理を行いました。

実際の含み損の解消方法は、これまで説明した3社の株の高額買い取りだけでなく、医療事業分野での別の大型Ｍ＆Ａ（ジャイラス案件）における配当優先株の売買や、これら

図表2-2-5
極端な高額での株式の買い取り

（単位：億円）

受け皿ファンド

資産の部		負債の部	
現金	890	借入金	800
有価証券	50		
		純資産の部	
		資本金	300
株式	0	利益剰余金	△160
資産合計	940	負債純資産合計	940

現金
800

株式
10

オリンパス

資産の部		負債の部
現金預金	1,050	
有価証券	0	
出資金	300	**純資産の部**
のれん	790	
株式	10	
資産合計	2,150	合計

M&A案件における高額のアドバイザー契約など、複雑多岐な取引が絡んでいます。繰り返しますが、詳しく知りたい方は「報告書」をお読みください。

これら一連の損失分離と損失解消の流れをまとめていえば、１９９０年代の約１０００億円の財テクによる含み損を隠すために飛ばしを行い、それを解消するために現実の価値とはかけ離れたM&Aを行った。そして、そのことが新しい外国人社長に指摘されて明るみに出たということになります。

会社の損益の観点からいえば、１０００億円の含み損を隠すために10年以上にわたって行われた巧妙な粉飾のしかけが、２００９年3月期に約５５０億円ののれん償却という損失で表れたということになります。実際２００９年3月期のオリンパスの当期純損失はのれん償却などの特別損失の影響で１０００

０億円を超えています。

そうであれば、１９９０年代に有価証券の評価損をちゃんと報告し赤字を出しておけば、それで済んだ話ではないかと読者の方は思われるかもしれません。それはそうなのですが、オリンパスの１９９０年の売上は２０００億円程度、１９９０年代後半でも４０００億円程度です。この売上規模の時に財テクで１０００億円の損は確かに大きな話です。

その後、オリンパスの売上は増え、２００８年３月期は過去最高の１兆１０００億円の売上高を計上しています。もし、現実の価値とはかけ離れたＭ＆Ａが監査法人から指摘されなかったとすれば、約８００億円ののれんは長期にわたって償却していくことになります。のれんの償却期間は20年以内の適切な期間となっていますので、約８００億円ののれんを20年で償却できていれば年間の償却損は40億円です。

２０００億円から４０００億円規模の売上高のときに１０００億円の損失を出すのと、１兆円規模の売上高で40億円規模の償却損とでは、どちらのインパクトが大きいかは明白です。

今回の粉飾の例でおわかりいただいたように、財務諸表は会計のルールがしっかり適用され、事業活動の説明にはそれに伴う現金の実態が必要です。前述したように、「１００

0億円で株を売りましたので帳簿にそう記入しましたが、現金は受け取っていません」では済まされないのです。オリンパスも粉飾に伴う現金の実態を作るために長年、大変な苦労をしてきました。今回の捜査も、現金の動きを丹念に追っていくことから粉飾の全体像を解明していったものと思われます。

ドラッカーのヒント 6 今こそ私たちの真摯さが問われている

今回のオリンパスの粉飾の仕組みづくりの中核になったのは、前常勤監査役と前副社長の2人だとされています。ただ、オリンパスで財テクが始まった1985年頃、この前常勤監査役は経理部資金グループの係長で、もう一人の前副社長はこの係長の部下だったようです。オリンパスの粉飾に関し、私はこの2人に同情の念を禁じえません。

日本においての会社は、江戸時代における藩のようなものです。今回の件は、お家の一大事が世に出てお家お取り潰しにならないよう、藩主から若い家来が密命を帯びたようなものでしょう。2人が私利私欲のために粉飾をしていたのなら許しようがないかもしれませんが、人生を犠牲にしてオリンパスのために、だれにも打ち明けることができない裏の仕事を担っていたのであれば、気の毒としか言いようがありません。

　では、そもそも何がいけなかったのでしょうか。１９８５年のプラザ合意以降の急激な円高で営業利益が減り、財テクを重要な経営戦略と位置付けた会社はオリンパス以外にもいくつもありました。その財テクで失敗したケースも珍しくないでしょう。

　今回のオリンパス事件を通しての教訓は、私たち自身が社会やビジネスの仕組みをしっかりと理解すること、そしてその仕組みの中で、私たちが仕事をする上で何を大切にしなければならないかを認識しておくことではないかと思います。

　今回の件でも、私の頭にはドラッカーの言葉が浮かんできました。ドラッカーは、企業は株主のものでも従業員のものでもなく社会のものだと言いました。〈ドラッカーのヒント①〉（21ページ）でも述べたように、企業を含めたすべての組織は社会の一員です。企業の第一の目的は利益ではなく顧客の創造です。お客様が満足する新しい商品やサービスの提供を通して社会に貢献することこそが企業の役割です。その社会の人たちを粉飾によってだましてはいけません。

　ドラッカーは、組織で働くマネジャーにとって大切なのは才能（genius）より真摯さ

（integrity）であると言います。なぜなら、マネジャーは金とか物といった資源とは全く異なる「人間」という特殊な資源と係っていく必要があるからです。

マネジャーが人間と係っているだけではなく、企業もお客様や株主や取引先という人間と係っています。私はビジネスを行う上で大切なことは、人の心が摑《つか》めるかどうかだと思っています。マネジャーは部下の心を摑めるかどうか、企業はお客様の心を摑めるかどうかがポイントです。

では、人間と係っていく上で最も大切なものは何でしょうか。言葉を換えていえば、人の心を摑んだり、人との信頼関係を築いたりする上で大切なものは何でしょうか。読者の皆さんは何だと思われますか。

ウソをつかない、誠実である、言うことが一貫している、愛情がある、などといった言葉が浮かんでくるのではないでしょうか。このような意味合いを持つ言葉が正に“integrity”なのです。

“integrity”は日本語では「真摯さ」と訳される場合が多いようですが、“integrity”は「誠実」や「正直」といった意味だけの言葉ではありません。ベースには「一貫した」というようなニュアンスがあります。プロの翻訳家も“integrity”の訳には非常に苦労されているようで、それぞれの文脈により高潔、品格、気骨、真心、至誠、矜持《きょうじ》などの言葉を使っているようです。

ドラッカーは才能がなくても大きな問題にはならないが、真摯さを欠く人間はすべてを破壊すると言います。特に経営トップに真摯さがない場合、組織全体がダメになります。

ドラッカーは次のように言います。経営層の誠実さ（sincerity）や真剣さ（seriousness）を証明する最終的な手段は、人格の真摯さ（integrity of character）を徹底的に強調することである。リーダーシップは人格を通して発揮される。範を示すのも手本にされるのも人格であると。

組織のマネジメントだけではありません。ドラッカーは外交にもリーダーシップが必要だが、それは頭の良さではなく真摯さを基盤にするものでなければならないと言っています。また、マーチン・ルーサー・キングが影響力を持ちえたのも真摯さのゆえだったと指摘しています。つまり、ドラッカーは人と人の関係においては、真摯さこそが一番重要だと考えていたのです。

私たちも今回のオリンパス事件を他山の石とし、社会の一員として生きていく上で何が一番大切なのかを今一度、考えてみる必要があるのではないでしょうか。

第3章　世の中は「投資」と「リターン」で回っている

1　投資評価について

(1) 「売上」と「利益」より大切な「投資」と「リターン」

これまで、会計を勉強すれば事業の全体像が広く高い視点で見えてくること、そして利益と現金は異なる概念のものであり、実態の伴う現金の動きが極めて重要であることを説明してきました。最後の第3章では、会計知識の応用範囲が広い「投資」と「リターン」の考え方について説明します。

ビジネスを行う人にとって「売上」と「利益」は大切ですが、それよりもっと大切なのは「投資」と「リターン」という考え方です。実は世の中は、「投資」と「リターン」で回っています。企業における担当者と経営者の視座の違いの一つは、担当者がビジネスを「売上」と「利益」で見ているのに対して、経営者はビジネスを「投資」と「リターン」で見ていることでしょう。「売上」と「利益」というのは、事業全体のプロセスである

「お金を集める」→「投資する」→「利益をあげる」という活動のほんの一部でしかありません。

もちろん、売上を増やす工夫や費用を減らす努力はとても大切です。しかし、ビジネスは「投資」と「リターン」で成否が決定するという面もあります。

私はサラリーマン時代、鉄鋼会社で働いていました。日本の鉄鋼会社における生産性や品質をあげる工夫や努力は、世界の製造業の中でもトップレベルだと思います。しかし、鉄鋼事業の生産性や品質は、どのような設備レイアウトでどのような装置を導入しているかによって決定してしまう側面があります。

飲食業でもそうです。飲食業の成否は、料理の味や接客サービスの質などで決まります。ただ一方で、どんな内装や外装のお店なのか、またどこに立地しているのかで勝負がついている場合も少なくありません。

日々の事業活動と投資のどちらが大切なのかは簡単には言えませんが、日々の事業活動と投資の間には大きな違いがあります。それは、投資は一度意思決定をすると途中で方向性を簡単に変えられないということです。日々の事業活動は「とにかくやってみよう。ダメなら変えればいいじゃないか」ということで進めることができますが、投資は「とにかくやってみよう」では済まされない結果を招く恐れがあります。ですから、ビジネスにおける「投資」は慎重に行う必要があるのです。

(2) 投資評価は利益でなくキャッシュフローで考える

この慎重に行わなければならない投資は、どのように考えていけばよいのでしょうか。大きな投資をして大きなリターンが期待できるものと、小さな投資をして小さなリターンしか期待できないものがあります。同じ投資をしても、短期間のうちに大きなリターンが期待できるものもあれば、小さなリターンが長く継続するものもあります。はたまた、同じ投資と言っても、工場に投資してリターンを期待する場合もあるでしょうし、株式などの金融商品に投資してリターンを期待する場合もあるでしょう。これら種類の異なるさまざまな投資案件を、どのように評価していけばよいのでしょうか。

ここでも、すべての投資案件を貨幣価値を伴う数字にして評価していきます。数字を使うことで数学モデルが使え、実際の投資を行わなくても将来のことをシミュレーションすることができます。

当然、投資評価は「投資」と「リターン」の関係で行われるわけですが、ここでの「リターン」は一般的に利益ではありません。ROE（Return on Equity）を計算するときのリターンは「当期純利益」でしたが、投資評価の際の「リターン」は利益ではなく現金収支、すなわちキャッシュフローを意味するのが一般的です。

なぜ利益ではなく、キャッシュフローなのでしょうか。すでに説明したように、利益という概念は、ある一定の人為的な期間の業績を正しく表すために必要でした。しかし、設備投資のような投資案件は、その効果が長期に及びます。また、期間利益を正しく計算するために必要だった売掛金や買掛金といった概念も、少し長い期間で考えれば最終的に現金の取引になります。

そういう意味から、投資案件のような長い期間の効果を考える場合には、人為的に区切られた会計期間で考える必要はなく、現金の動きで判断してもよいのです。

ただし、事業の投資評価を行う場合は、法人税のことも考慮しておかなければなりません。法人税の計算は人為的に区切られた会計期間をベースに考える必要があります。この辺りについて詳しく知りたい方は、拙著『できる人になるための「財務3表」』（中央経済社）をお読みください。

（3）「現在価値」という考え方

長期的な投資評価をする際に、例えば現時点で1億円の投資をして、将来その投資が２億円の現金を生み出したとすれば、投資は成功したと考えてよいのでしょうか。実はそう簡単ではありません。

投資評価について説明するうえで、まず理解しておいていただきたいのが「現在価値」という考え方です。難しい話ではありません。「現在の１万円の価値は1年後の１万円の価値とは違いますよ」ということです。

今あなたが１００万円を持っていて、それを定期預金に預けたとします。年間の利率が５％だったとすれば、現在の１００万円は1年後には１０５万円になっています。つまり、現在の１００万円は1年後の１０５万円と同じ価値だというわけです。計算式で表せば、

１００×１・05＝１０５です。

では、1年後の１００万円を現在の価値に直せばいくらでしょう。1年後の１００万円の現在の価値をＣとすれば計算式はＣ×１・05＝１００となります。このＣを求めるにはＣ＝１００÷１・05となります。１００を１・05で割り戻せばいいわけですね。１００÷

図表3-1-1　現在価値の計算

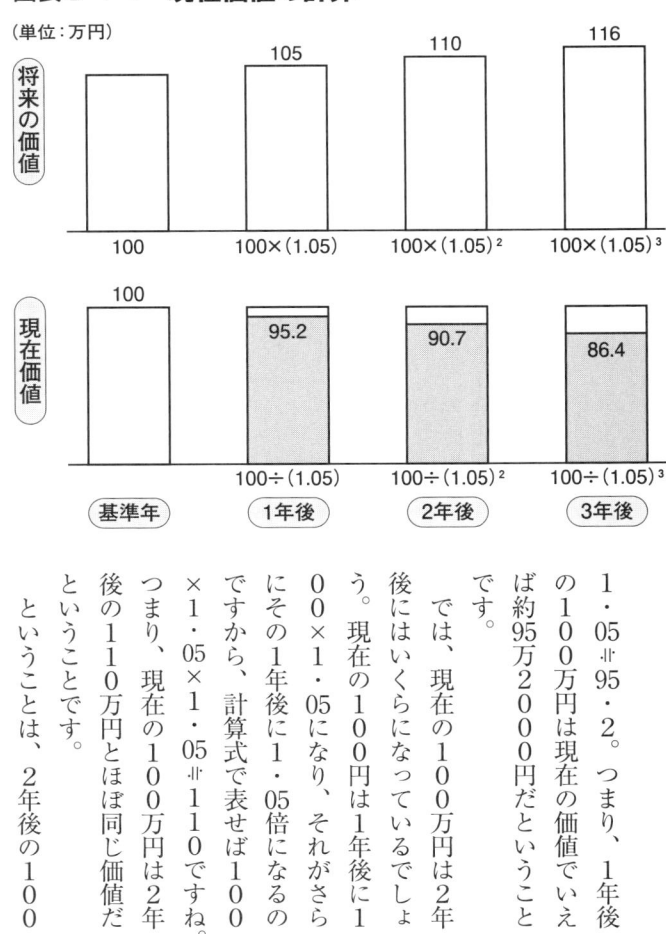

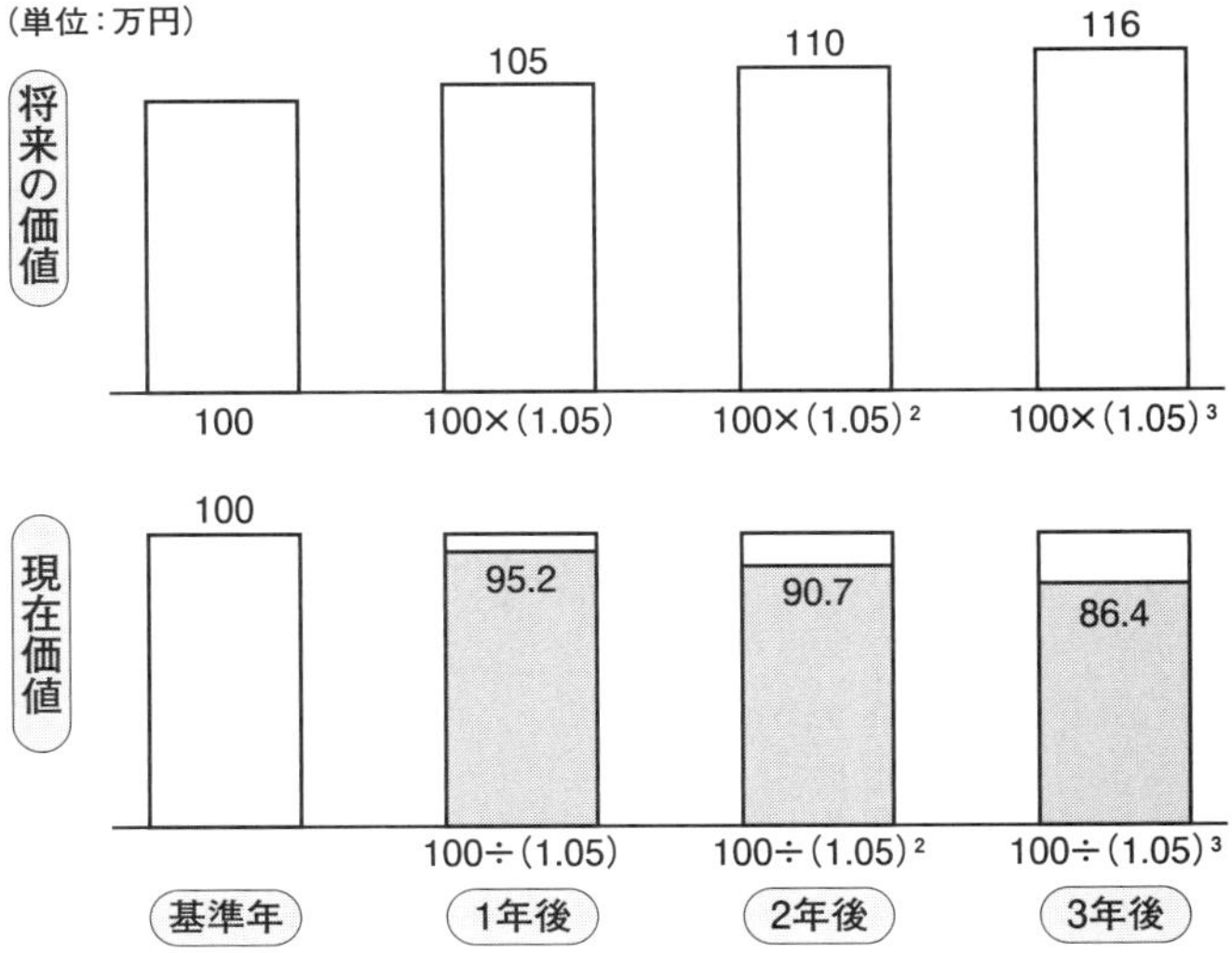

1・05≒95・2。つまり、1年後の100万円は現在の価値でいえば約95万2000円だということです。

　では、現在の100万円は2年後にはいくらになっているでしょう。現在の100円は1年後に100×1・05になり、それがさらにその1年後に1・05倍になるのですから、計算式で表せば100×1・05×1・05≒110ですね。つまり、現在の100万円は2年後の110万円とほぼ同じ価値だということです。

　ということは、2年後の100

万円を現在の価値になおすには１・05の２乗で割り戻しておけばよいということになります。つまり、２年後の１００万円は現在の価値に直せば約90・７万円、つまり約90万７０００円になるわけです（図表3-1-1）。

（４）投資評価の方法

投資評価の方法を具体的な例で説明していきましょう。投資案件Ａ、Ｂ、Ｃの３つを例にとっています。３案件ともに初年度１００万円の投資をするとします。年度「０」の欄に、それぞれマイナス１００万円が入っています。これは初年度に１００万円が投資されたということを意味しています（図表3-1-2）。

投資案件Ａは、毎年５万円ずつキャッシュが入ってきて、５年目に１０５万円入ってくる案件です。利率５％の定期預金に預けて毎年利息だけを引き出し、５年目に元金の１００万円が戻ってくるような投資案件です。投資案件Ｂは、毎年25万円のリターンが５年間継続的にある案件です。最後の投資案件Ｃは１年目に50万円、２年目に25万円というように、期が早いうちに比較的大きなリターンが期待できるものです。ただし、最終の５年目には25万円のリターンがあります。

図表3-1-2　投資評価の例

（単位：万円）

案件＼年度	0	1	2	3	4	5	合計	回収期間	IRR
投資案件A	−100	5	5	5	5	105	125	4.8年	5.0%
投資案件B	−100	25	25	25	25	25	125	4年	7.9%
投資案件C	−100	50	25	15	10	25	125	4年	9.9%

これら３つの投資案件を比較すると、どれも１００万円投資して5年間合計で１２５万円のリターンがあります。投資とリターンという意味では、３つとも5年間で同じリターンが期待できる案件といえます。

多くの企業が投資評価に使っている「回収期間法」という投資評価法を説明しましょう。これは１００万円の投資を回収するのにどれくらいの期間がかかるかというものです。回収期間が短ければ短いほど効率がよいと言えます。

回収期間法でいえば、投資案件Ｂと投資案件Ｃは同じ4年です。４年で投資した１００万円を回収しているわけです。投資案件Ａは最初の４年間で20万円しか回収できていません。この投資案件Ａが定期預金のような投資で、５期目の期末に１０５万円が入ってくるなら投資案件Ａの回収期間は5年になります。

ただ、ここでは定期預金とは違って5期目の１年間にわたって継続的に一定のリターンがあり、５期目の１年間合計で１０５万円のリターンがあると仮定しましょう。その場合の回収期間は5年目のどこかにきます。投資した１００万円のうち、最初の4年間で20万円（＝5万円×4年）をすでに回収しているわけですから、残りの80万円（１００万円－20万円）を5年目の回収額１０５万円で割ると約０・８になるので回収期間４・８年となります。したがって、回収期間法を用いれば投資案件Ａより投資案件ＢやＣの方が効率のよい投資といえます。

では、リターンの総額も回収期間も同じ投資案件Ｂと投資案件Ｃは、同じ価値の投資案件になるのでしょうか。ここで「現在価値」という考え方を使います。投資案件Ｂの1年目から5年目までのリターンの現在価値の合計と、投資案件Ｃの1年目から5年目までのリターンの現在価値の合計は異なります。

この現在価値という考え方を使った投資評価の方法に、ＩＲＲというものがあります。ＩＲＲは“Internal Rate of Return”の略で、日本語では「内部収益率」と呼ばれています。ＩＲＲは、投資額とその投資に伴うリターンの現在価値の総額が同じになる利率を計算して求めます。この利率のことを割引率（ｒ）といいます。

難しい話ではありません。例えば、投資案件ＣのＩＲＲは図表3-1-3の一番下にある式を解けば求まります。

図表3-1-3　IRRの計算式

（単位：万円）

最初の投資額	1年目のリターンの現在価値	2年目のリターンの現在価値	3年目のリターンの現在価値	4年目のリターンの現在価値	5年目のリターンの現在価値

$$100 = 50 \div (1+r) + 25 \div (1+r)^2 + 15 \div (1+r)^3 + 10 \div (1+r)^4 + 25 \div (1+r)^5$$

この式は最初の投資額が１００万円であることを意味しています。そして、この投資に伴う1年目のリターン50万円の現在価値は50万円を（１＋ｒ）で割る、次に2年目の25万円のリターンの現在価値は25万円を（１＋ｒ）の２乗で割るというように、各年度のリターンの現在価値を順次加えていき、その合計が最初の投資額の１００万円と一致するという計算式です。

この式を解くと、ｒは０・０９９、つまり９・９％になります。同じように投資案件ＢのＩＲＲを計算すると７・９％になります。このＩＲＲというのは投資案件の利率のようなものです。利率（割引率）が大きければ大きいほど、リターンが大きくなります。逆に言えば、投資のリターンが大きければ大きいほど、利率（割引率）も大きくなるのです。

ＩＲＲという考え方を使えば、リターンの総額も回収期間も同じだった投資案件Ｂと投資案件Ｃですが、実は投資案件Ｃの方が効率のよい投資であるということがわかります。

ＩＲＲは投資案件の利率のようなものですから、あるお金を事業に投資するのがよいのか、それとも定期預金のような金融商品に投資しておくのがよいのかといった、全く異なる種類の投資案件の投資効率を同じＩＲＲという収益率で比較できます。

　このＩＲＲの数値は、表計算ソフトのエクセルで関数を使えば簡単に計算できます。**図表3-1-4**のように、エクセルの上部にあるタブで「数式」を選び、次に左上の「ｆｘ（関数の挿入）」を選ぶと図の中央にあるような「関数の挿入」という窓が表れます。この中で関数名「ＩＲＲ」を選べば、後はＩＲＲの数値を計算するための範囲を指定する窓が表れます。

　例えば、１６５ページの図表3-1-2のような表をエクセルで作っておき、投資案件ＣのＩＲＲを計算するなら、投資案件Ｃの0年目から5年目のリターンである「－１００、50、25、15、10、25」の６つのセルを範囲指定すれば瞬時にＩＲＲが計算されます。

図表3-1-4
表計算ソフトのエクセルによるIRRの計算方法

2　M&Aにおける会社の値段の決め方

(1) 企業価値評価の種類

投資案件の一形態としてM&Aがあります。M&AはMerger and Acquisition の略で、企業の合併（Merger）と買収（Acquisition）のことです。この合併と買収が行われた場合のそれぞれの取引のBSの変化については、『財務3表一体理解法』で説明しています。ちなみに私のサラリーマン時代の最後の3年間は、このM&Aが主な仕事でした。

企業のM&Aを考えるとき、対象となる会社をいくらで買えばよいのかという問題ができます。会社の値段はどうやって決めればよいのでしょう。買収対象が上場企業であれば、その時点の株価×発行済み株式数が企業の価値ということになります。では、上場していない会社の価値は、どのように評価すればよいのでしょうか。はたまた、会社の一つの事業部門を分割して買収する場合はどのように値段を決めればよいのでしょうか。私が

図表3-2-1　**会社の値段の決め方**

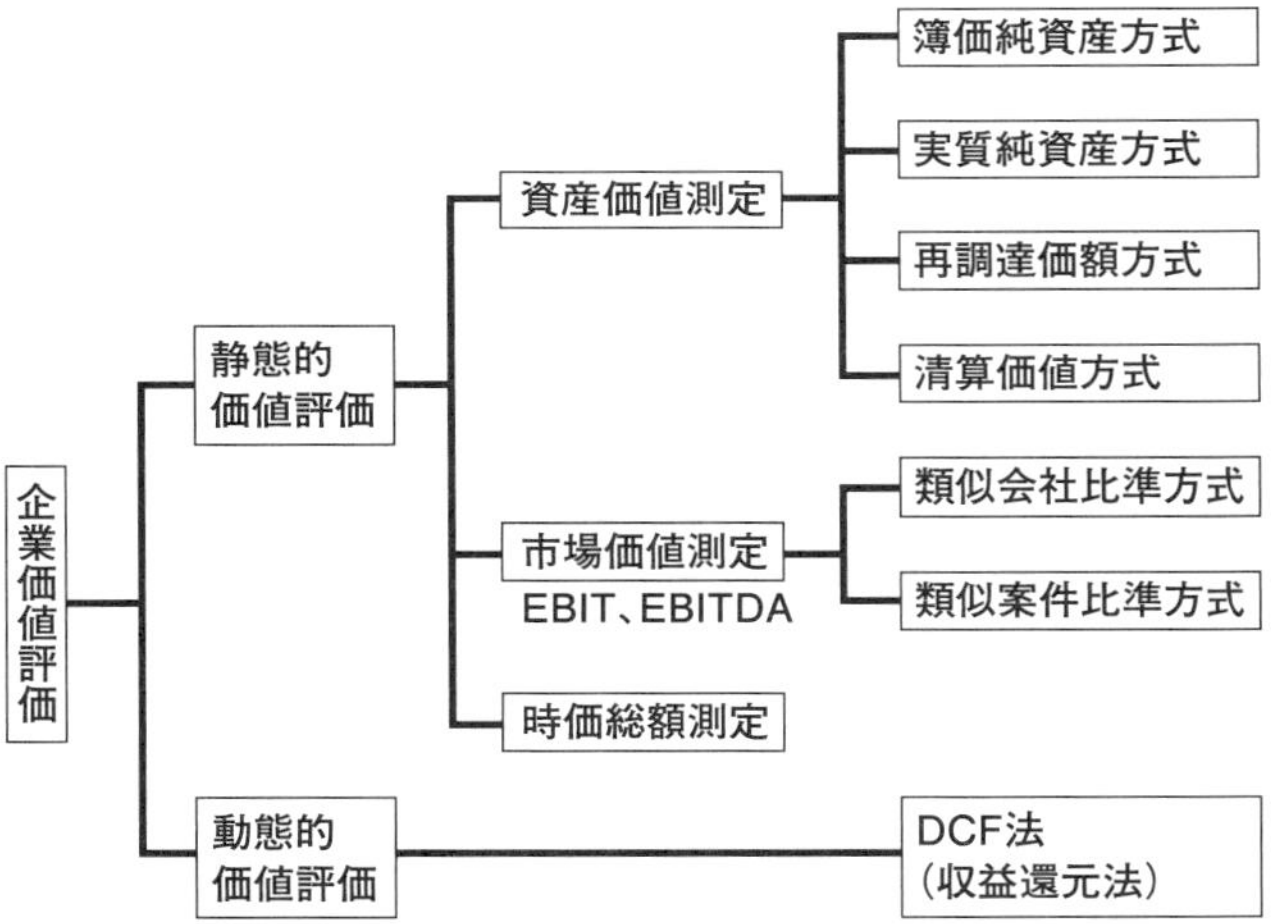

サラリーマン時代に担当していたM&A案件は、企業を事業部門別、さらには地域別に分割して買収するものでしたので、それらの値段の決め方はとても難しいものでした。

実は会社の値段の決め方には、いくつもの方法があります。代表的な方法を図表3-2-1にまとめておきました。

企業価値の評価方法は大きく静態的価値評価と動態的価値評価の2つに分かれます。読んで字のごとく、動きのない現在もしくは過去の情報をもとに評価するものと、将来の動きを予測して評価するものです。

静態的価値評価は、資産価値測定と市場価値測定、時価総額測定の３つに分かれます。

資産価値測定とは簡単にいえばＢＳから評価していくものです。

簿価純資産方式は、ＢＳの純資産の額を会社の値段とするものです。ＢＳの資産から負債を引いた純資産が、その会社の正味財産、つまり会社の価値なのです。実質純資産方式は、ＢＳの資産を時価に直したものから負債を差し引いたものが純資産の実質の額だという考え方です。土地などの値段は取得価格で記載されている場合がありますから、莫大な含み益がある場合があります。また、在庫などは現実的にはすでに価値がなくなっているものもありますから、それらを正しい価値に戻して会社の実質的な価値を計算します。再調達価額方式は、その会社をゼロから作り上げようと思えばどれくらいかかるかを予測して値段を決めるやり方です。清算価値方式は、その会社を清算する場合の値段です。純資産の額など関係ありません。その会社が持っている土地や建物などを売却して清算すれば、どれだけお金が残るかということを基本にします。

市場価値測定は、欧米のＭ＆Ａではよく使われる方法です。欧米ではＭ＆Ａの事例が非常に多く、類似の企業が過去にどれくらいの値段で売買されたかの情報が豊富にあります。

そのような情報を参考にして会社の値段を決めていくわけです。

その際に基準となるのがＥＢＩＴとかＥＢＩＴＤＡという指標です。ＥＢＩＴはEarnings Before Interest and Taxes の略で、税引前当期純利益に支払利息を加えて算出します。ＥＢＩＴＤＡはEarnings Before Interest Taxes, Depreciation and Amortization の略で、税引前当期純利益に支払利息と減価償却費を加えて算出します。なお、Depreciation と Amortization はどちらも減価償却費なのですが、Depreciation は有形固定資産にかかるもの、Amortization は無形固定資産にかかるもので、Amortization の日本語訳としては「減耗償却費」という言葉を使うことがあります。

欧米のＭ＆Ａの世界では、このＥＢＩＴ、ＥＢＩＴＤＡに対して何倍くらいの値段で会社が売買されたかのデータが豊富にあります。Ｍ＆Ａをしかける対象の会社のＥＢＩＴ、ＥＢＩＴＤＡをもとに、類似の会社や類似の案件の買収額がそれぞれのＥＢＩＴやＥＢＩＴＤＡの何倍になっているかを参考にして、対象とする会社の買収額を決めていくわけです。

時価総額測定の時価総額とはその会社の株価×発行済み株式数です。これは株式市場が評価した現在の会社の値段ということです。上場している会社の株式を取得して企業を買収する場合は、この時価総額が売買の場合の一つの基準価格になるのが一般的です。上場している会社の場合は簡単に計算できますが、上場していない会社の場合は、その会社と類似の上場企業の株価から推定するという方法があります。

話がＭ＆Ａにおける値段の決め方から外れてしまいますが、この時価総額を考えるときに会計の初心者がよく勘違いしていることがあります。それは「株価が上がるとＢＳはどう変化するのか？」などと考える勘違いです。株価の上下というのは会社の外の株式市場での株価の値動きのことであり、株価が上下しても会社のＢＳには何ら影響はありません。

図表3-2-2を見てください。例えば、会社Ｘが発行価額1株5万円の株を１００株発行して、株主Ａから５００万円の資本金を入れてもらったとします。そうすると、ＢＳの純資産の部の資本金が５００万円で、ＢＳの左側は現金５００万円になります。この会社Ｘの株主は現在株主Ａです。

株式市場でこの会社Ｘの株価が1株5万円から10万円に上がり、株主Ａは1株10万円で１００株すべて株主Ｂに売却したとします。そうすると、株主Ａは株主Ｂから１０００万円を受け取り、この会社Ｘの株式１００株は株主Ｂに移ります。この時の会社Ｘの株主は、株主Ａから株主Ｂに移ります。

図表3-2-2　株価が変化してもBSは変化しない

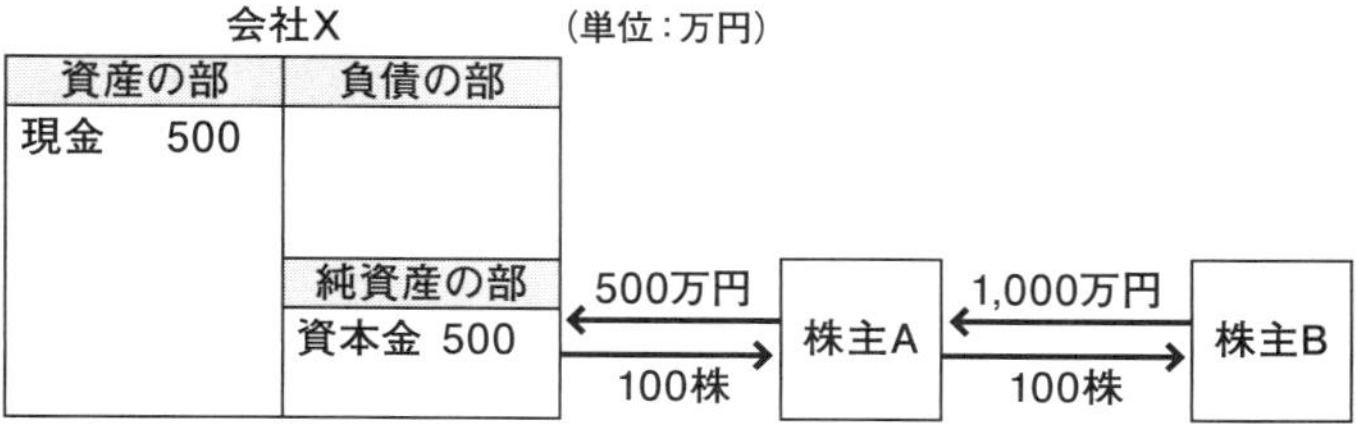

株主Ａと株主Ｂの間にこのような取引が起こっても、会社Ｘの資本金５００万円は一切変化ありません。株主Ａが会社Ｘの株式の売買で、５００万円儲かっただけです。株価の変動は株式市場でのことであり、株価が変動しても会社の資本金は一切変わりません。

(2) DCFという考え方

話を元に戻しましょう。今まで説明してきた方法は、いずれも現在や過去のデータによって会社の値段を決めていく方法です。では、過去から現在にかけて良好な業績をあげていたが、将来は収益が極端に下がると予想される会社や、逆に過去の業績は悪くても将来大きな利益をあげることがほぼ間違いない会社の値段はどうやって決めればよいのでしょうか。また、上場企業の内部の一つの事業部門だけを買収するような場合は、その値段をどう決めればよいのでしょうか。

企業価値評価の方法をいろいろと説明してきましたが、現在の企業価値評価の主流となっているのが動態的価値評価、ＤＣＦ法です。ＤＣＦとは“Discounted Cash Flow”の略で、日本では「収益還元法」と呼ばれています。

ビジネスにおける物の値段は、将来その物が生み出すであろうキャッシュフローの現在価値で決めるというのが基本です。例えば、ある商品を製造するために何億円もする新品の生産設備を発注し、それが稼働したとしましょう。ところが、その生産設備が作り出す製品は市場の劇的な変化により全く売れなくなったとします。さらに、その生産設備は当初設計した製品以外は作れないとしましょう。このような場合、この生産設備の価値はいくらでしょうか。答えは「０」です。将来キャッシュを生まないものは価値がないのです。

ＤＣＦ法で会社の値段を決める場合は、その会社が将来生み出すであろうキャッシュフローを予測し、その将来のキャッシュフローの現在価値を計算するわけです。

将来のキャッシュフローを考えるとき、フリー・キャッシュフローという概念が出てきます。「フリー」というのは“free”、日本語の「自由」という意味の「フリー」です。何が「フリー」かというと、長期資金の提供者である「株主と債権者」が自由に使えるお金という意味での「フリー」です。

資本主義社会の仕組みからいえば、会社は株主の資本金でスタートします。会社は株主のものです。その資本金に債権者からの借入金などを加えて、全体のお金（総資本）で資産を調達し、その資産を活用して売上をあげ、その売上を利益に変えていきます。第1章に掲載した図表1-1-1（17ページ）の通りです。

この売上高から、まず差し引かれるのが売上原価です。売上原価がなければ売上高は作れません。次に差し引くのが販売費及び一般管理費などの費用です。

そして、残った利益から次の3カ所への支払いが行われます。1カ所目が債権者への利息の支払い。2カ所目が政府機関への税金の支払い。そして最後の3カ所目が株主への配当金の支払いです。

会計的にはこういう順番で支払いが行われますが、ここでもう一度フリー・キャッシュフローの「フリー」の意味を確認しておきましょう。「フリー」とは、長期資金の提供者である「株主と債権者」が自由に使えるお金という意味でした。つまり、フリー・キャッシュフローとは、債権者への利息の支払いと株主への配当金の支払いだけを除外し、税金も含めたすべての費用を支払った後に、「株主と債権者が自由に使えるお金」という意味なのです。

フリー・キャッシュフローは、企業価値評価の解説書などには次のように書いてあると思います。

フリー・キャッシュフロー＝金利支払前の税引後利益＋減価償却費－増加運転資金－必要設備投資額

このフリー・キャッシュフローの計算式は、計算式を見ればわかるように利益からキャッシュフローを計算しようとするものです。つまり、間接法ＣＳのキャッシュフローの計算方法です。ただ、間接法ＣＳのキャッシュフローの計算は、ＰＬの「税引前当期純利益」が起点となりました。フリー・キャッシュフローの計算は、なぜ最初に「税引前当期純利益」ではなく「金利支払前の税引後利益」という利益がきているのでしょうか。

それは先ほど説明した、フリー・キャッシュフローの意味が理解できていればわかります。「株主と債権者が自由に使えるお金」という観点からいえば、税金だけを計上した後の利益、つまり債権者への金利の支払いや株主への配当をする前の、債権者と株主が自由に使える利益である「金利支払前の税引後利益」が起点となるわけです。

この「金利支払前の税引後利益」から営業キャッシュフローを求めるために、現金の動きがないのに利益を減らした減価償却費を足し戻して、次に利益とは関係なく運転資金が増える分の増加運転資金（売上債権、棚卸資産、支払債務などの増減）を引き戻します。ここまでが大まかな営業キャッシュフローの計算です。これはまさに、間接法ＣＳを作るときの営業キャッシュフローの計算と同じです。

そして最後に、事業を継続していくために必要な投資キャッシュフローを差し引いています。会社の価値を計算する場合は「永続価値」で考えます。つまり、企業が将来にわたって永続すると仮定して計算します。事業を継続するには一般的に投資を続けていかなければなりませんから、必要な設備投資に伴う投資キャッシュフローである「必要設備投資額」を差し引いて、フリー・キャッシュフローとしているのです。

余談ですが、企業のアニュアルレポートなどで「フリー・キャッシュフロー」と書いてあるのは、便宜的にキャッシュフロー計算書の「営業キャッシュフロー」＋「投資キャッシュフロー」（投資キャッシュフローは投資を行えばマイナスの数字）で計算しているものが多いようです。

話をＤＣＦに戻しましょう。企業の将来のフリー・キャッシュフローがきちんと予測できれば、企業の現在価値の計算自体は難しいことではありません。現在価値の計算方法についてはすでに説明しました。ただし、現在価値を計算する場合の割引率をどれくらいにしておけばよいかというのは難しい問題です。将来のフリー・キャッシュフローが同じでも、この割引率をどうとるかで会社の値段は大幅に違ってくるからです。

M&Aで会社の値段を決めるときの割引率は、資本コストを使います。資本コストとは、そのM&A案件の投資に最低限必要とされる効果を%（パーセンテージ）で表したものです。

例えば、買収に必要なお金をすべて借入金でまかなうと考えてください。この借入金の利率が3%ならこの借入金という他人資本の資本コストは3%です。買収のための資金をすべて借入金でまかなう場合、買収による効果が3%以上ないと借入金の金利を支払うことさえできません。

ただ、お金はすべて借入金で調達するわけではなく、資本金で調達するかもしれません。借入金の資本コストは利率ですが、資本金も株主は何がしかのリターンを期待しているわけですから、資本金に対する利回りも資本コストとして考えておかなければなりません。

これらの資本コストは、それぞれに借入金の場合は負債コスト、資本金の場合は株主資本コストと言われます。この負債コストと株主資本コストを加重平均して、現在価値を計算する場合の割引率である資本コストを計算します。これをＷＡＣＣ《ワック》（Weighted Average of Cost of Capital）といいます。日本語では「加重平均資本コスト」です。

ＷＡＣＣについては会計の初心者は、これまで説明してきたレベルの内容がわかっていればよいでしょう。実際のＭ＆Ａでは、ＷＡＣＣの計算はＭ＆Ａに関するアドバイザーが行うのが普通です。皆さんは基本的な概念だけ理解しておけばそれで充分です。もう少し突っ込んで勉強したい方は、拙著『できる人になるための「財務3表」』（中央経済社）をお読みください。

実際にＤＣＦ法で会社の値段を決める場合は、このＷＡＣＣをどう決めるかも難しいことなのですが、将来のキャッシュフローを予測すること自体が極めて難しいのです。結局、将来のことはだれも正確に予測することはできません。ですから、実際のＭ＆ＡではＤＣＦ法だけでなく、確かな過去の実績であるＥＢＩＴやＥＢＩＴＤＡを使った市場価値からの評価も組み合わせて会社の値段が決まっていきます。

さらにいえば、Ｍ＆Ａを行えばシナジー効果が出る場合もあります。買収先の顧客に自社の製品が売れるとか、規模が断然大きくなって市場支配力を持つようになるとかといったことです。そのような効果も考慮する必要があります。逆に、対象とする会社が競合他社に奪われた場合、致命的な損害を受けることがあり、何がなんでも買収しなければならない場合も出てくるでしょう。はたまた、買収したとたんに従業員がすべて退職してしまい、中身のない外枠だけを買ってしまうことになるリスクもあります。

このように、Ｍ＆Ａにおいて企業の価値を評価する上ではさまざまな要因が複雑に絡み合います。ですから、Ｍ＆Ａにおける会社の値段がいくらになるかは当事者間の力関係や切迫度やかけひきが大きく影響します。そして最終的な売買価格の決定は経営者間の交渉や判断に委ねられることになります。どんなビジネスでもそうですが、最終的な決定は人間が行うしかないのです。

ドラッカーのヒント 7 ドラッカー経営学の本質

〈ドラッカーのヒント〉の最後として、ドラッカー経営学の基本的な考え方をまとめておきたいと思います。

ドラッカーが考え続けたのは、人間を疎外してしまう危険性すらある、この産業社会・組織社会・競争社会の中で、人はどうすれば幸せになれるのかということでした。

これまで何度も述べてきたように、ドラッカーは社会を生き物として見ていました。組織は社会の構成要員です。組織が社会の一員である以上、組織は社会に対する役割を持っています。どの組織も、それぞれの役割を果たし社会に貢献する責任があります。

特に企業は経済的な成果（economic performance）を生み出すことでしかその存在意義を正当化できない、とドラッカーは言います。決して利益が企業の第一の目的ではありませんが、企業がその他の組織（学校や行政機関など）と違う点は、企業が経済活動を行っているということです。その他の組織は、企業が行う経済活動の余剰によって運営されています。教育も防衛も社会福祉もはたまた震災復興も、その財源は赤字国債を除けば企業と国民が納める税金しかありません。そういう意味で、企業には利益をあげる責任があります。

企業だけでなく社会の一員としての私たちはだれも、社会の中での役割があり、社会に貢献する責任を持っています。では、その社会の中で私たちはどうすれば幸せになれるのでしょうか。

ドラッカーはまず、私たちの役割・責任・成果・貢献に焦点を当てろと言います。

自分自身のことをやることが自由ではない。それは好き勝手な行いにすぎない。そこに成果はない。それは貢献でもない。そうではなく、「私は何に貢献すべきか（What should I contribute?)」という問いからスタートすることが人に自由を与える。その問いが責任を与えるから、自由が与えられるのだ。成功に必要なものは責任である。人は責任に焦点を合わせるとき、誇りと自信を得ることができるのだ、とドラッカーは言います。

ドラッカーは人類史上初めて、マネジメントという分野を体系化した人です。それはドラッカーが書いた原書で800ページに及ぶ〝Management〟という本で成し遂げられました。その〝Management〟という本の結論に、次のようなことが書かれています。

マネジメントの正統性、つまりマネジメントの存在意義は何なのか。マネジメントの役割が消費者や従業員のニーズを満足させることであることは間違いない。しかし、それだけではマネジメントが正統性を持っているとは言えない。マネジメントの正統性の根拠は一つしかない。それは、人の強みを生産的なものにすること（to make human strength productive）である。組織とは、人が個人としてまた社会の一員として、貢献と自己実現を見出す手段なのである（Organization is the means through which man, as an individual and as a member of the community, finds both contribution and achievement.)。

つまり、組織の目的は、一人ひとりの持ち味を活かして社会に貢献させ、そのことを通して従業員が自己実現を果たし、社会における自分の存在意義を感じさせることなのです。

この“Management”という大著の副題は「tasks（役割）、responsibilities（責任）、practices（実践）」です。この生きづらい社会の中で私たちが自由になるためには、社会の中の一員としてまず自分の外にある社会や組織への貢献を第一に考え、自分に求められている役割を理解し、自ら責任を担い、具体的な成果を出し、自分の役割と責任を果たしていくしかないということなのでしょう。

組織もマネジメントも会計も、人が幸せになる手段でしかありません。会計の仕組みと意義を社会や組織やマネジメントとの関係の中で理解し、社会とそこに住む人々が幸せになるために活かしていただきたいと思います。

3　個人の生活も「投資」と「リターン」

(1) 家計と事業経営は似ている

レベルの高いビジネスパーソンとそうでない人の違いは、ビジネスを「投資」と「リターン」で見ているか、「売上」と「利益」で見ているかの違いにあると言いました。ただ、これはビジネスの世界だけでなく、世の中全般に言えることとです。お金持ちと普通の人の違いもこれと同じです。お金持ちは世の中を「投資」と「リターン」で見ていますが、普通の人は「収入」と「支出」で見ています。

例えば、普通の人が家を買う場合は、同じ品質ならできるだけ安い家を探します。しかし、お金持ちは購入する家が将来どれだけの値段で売れるか、言葉を換えればできるだけ値下がりしない家かどうかを一つの大きな判断基準にします。

普通の人は郊外の安い住宅を買いますが、郊外の住宅は一般的に中古物件としての人気がないので住宅の価値は年を経るとともに著しく下落します。一方、都心の高級住宅はほとんど値下がりしません。何年も住んでいるのに、買った時とほぼ同じ値段で売却できたりします。もし買ったときと同じ値段で売却できれば、住んでいた期間の住居費は「0」だったことになります。

住宅だけでなく自動車も株式投資も生命保険も教育も、すべてに「投資」と「リターン」という考え方がベースにあるべきでしょう。ただ、人生を考える場合の「リターン」には、お金だけではなく幸せや安心や夢といった無形のリターンも考慮することになります。それら無形のリターンも含めて、世の中が「投資」と「リターン」で回っていることがわかれば、生き方も少しは変わってくるのではないかと思います。

(2) 家庭BSを作ってみる

家計簿をつけている方はたくさんおられると思います。ただ、これまで説明してきたように、収支計算書だけでは見えないことがいくつもあります。自分が保有している資産の価値が今どれくらいになっているかとか、借金の残高がいくらあるかといったことは収支計算書には表れません。資産の現在価値や借金の残高などは、市場の情報や別の書類で確認しなければなりません。それらを確認している人であっても、自分が保有している資産から借金の残高を引いた現在の正味財産がどれくらいになっているかを認識している人は少ないのではないでしょうか。

図表3-3-1に「家庭ＢＳ」のフォームを記載しておきましたので、皆さんご自身の数字を入れてみてください。簡単に記入の仕方を説明しておきます。

まずは、家庭ＢＳを計算する日付を決定してください。基本的には記入する当日でかまいません。ＢＳの左側の現金は、現在保有している現金の合計です。預貯金は預貯金の合計額を記入してください。

株式は、現在の株価に保有株式数を掛けた金額を記入してください。国債を保有している人は額面価額を記入し、投資信託をしている人は現在の基準価額に保有口数を掛けた数字を記入してください。上場していない会社の株式の価値は、１７１ページで説明したようないくつかの種類の会社の値段の決め方と同じような方法で計算しなければなりませんが、資産総額と比較して額が小さければ取得価格を入れておけばよいでしょう。

生命保険の保険積立金とは、いままで支払った保険料のことではありません。生命保険というのは大きくわけて3種類あります。終身保険と定期保険と養老保険です。終身保険

図表3-3-1　家庭BS

（日付：　　　年　　月　　日）

資　産		借　金	
金融資産		住宅ローンの残高	
現金		自動車ローンの残高	
預貯金		その他の借入金の残高	
株式		未払い金	
保険積立金		その他	
その他			
金融資産の合計			
不動産等		借金の残高の合計	
住宅		正味財産	
土地		現在の正味財産の額	
自動車			
その他			
不動産等の合計			
資産の合計		借金と正味財産の合計	

とは終身、つまり死ぬまで保険が適用されるものです。定期保険というのは契約したある一定期間だけ適用される保険です。養老保険とは生命保険と貯蓄が一緒になったような保険です。これら3つの種類の保険を簡単にいえば、終身保険は「葬式用保険」、定期保険は「掛け捨て保険」、養老保険は「積み立て保険」です。多くの生命保険はこの3つの保険が組み合わさってひとつのパッケージ商品として販売されています。このパッケージ商品には、医療保険などの小さな保険が組み合わさっているのが一般的です。

　終身保険にも定期保険にも養老保険にも、解約したときに払戻金があります（定期保険の場合はごくわずかですが）。これを解約返戻《かいやくへんれい》金《きん》といいますが、この解約返戻金の額こそがあなたが加入している生命保険の現在の価値、つまり資産にあたる部分です。

解約返戻金の額は、生命保険をいつ解約するかによって異なります。別の言い方をすれば、どのくらいの期間保険をかけているかによって、家庭ＢＳの資産に計上する保険積立金の額が異なるのです。解約返戻金の額は、おおよその目安金額が保険会社からもらう資料の中に書いてある場合もありますが、ある時点の正確な解約返戻金の額を知りたい場合は、契約している保険会社に問い合わせてください。毎回問い合わせるのは面倒ですから、解約返戻金一覧表のようなものをもらっておけば便利ですね。

生命保険以外の火災保険や地震保険は、ほとんどが掛け捨て。つまり、これらの保険には資産価値はないと考えてＢＳには何も記入する必要はありません。

住宅や土地などの不動産や、それに準じる自動車などの現在価値は、市場での類似物件の取引情報から類推するのがよいでしょう。ただ、取引情報に記載されている価格はほとんどが販売価格です。当然販売価格は、買い取り価格とは違います。住宅や土地は販売価格の９割、自動車は販売価格の７割くらいを買い取り価格として記入しておけばよいでしょう。

その他の資産としては、ゴルフ会員権や絵画などがあります。ゴルフ会員権のように、時価がわかるものは時価を入れてください。絵画などの時価はわかりづらいですが、とりあえず購入価格を入れておいて問題ないでしょう。

また、資産としてはほかにテレビや冷蔵庫などもあるでしょうが、売却の予定がなく使いきってしまうものは資産に計上する必要はありません。そういう意味では、ほとんどの家庭電化製品はＢＳに記載する必要はありません。

次は借金の部に移りましょう。

住宅ローン、自動車ローン、その他の借入金の残高には元金部分の残高を入れてください。未払い金とはクレジットカードなどですでに購入しているのに、現時点でまだ銀行から引き落としがされていないものです。クレジットカードでの支払残高がたくさんある人は、その額を記入しておいてください。

これだけ記入できれば、後は現在の正味財産の計算です。資産の合計から借金の残高の合計を引けば、あなたの現在の正味財産の額を求められます。なお、家庭ＢＳの詳しい内容について興味のある方は、拙著『家計３表生活防衛術』（ＰＨＰ研究所）をお読みください。

では、この家庭BSをどう評価すればよいのでしょうか。30・31ページの図表1-2-2で説明した会社の評価と同じですね。図表1-2-2を家庭BSに合った言葉に修正したのが**図表3-3-2**です。

住宅ローンを抱えて自宅を購入しているような家庭は、①のような家庭BSになってい

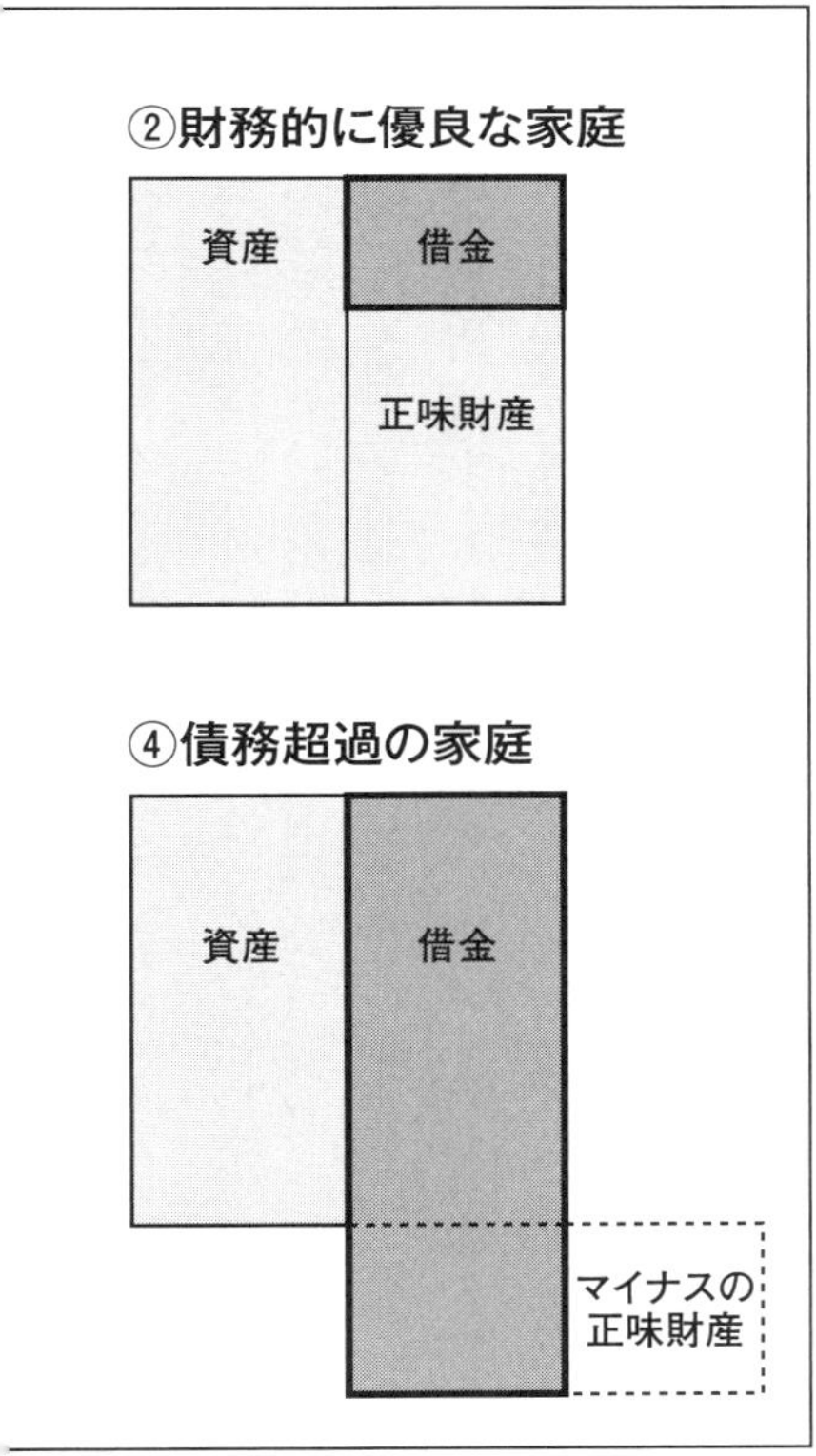

図表3-3-2
家庭BSを図にすれば
家庭の状態も一目瞭然

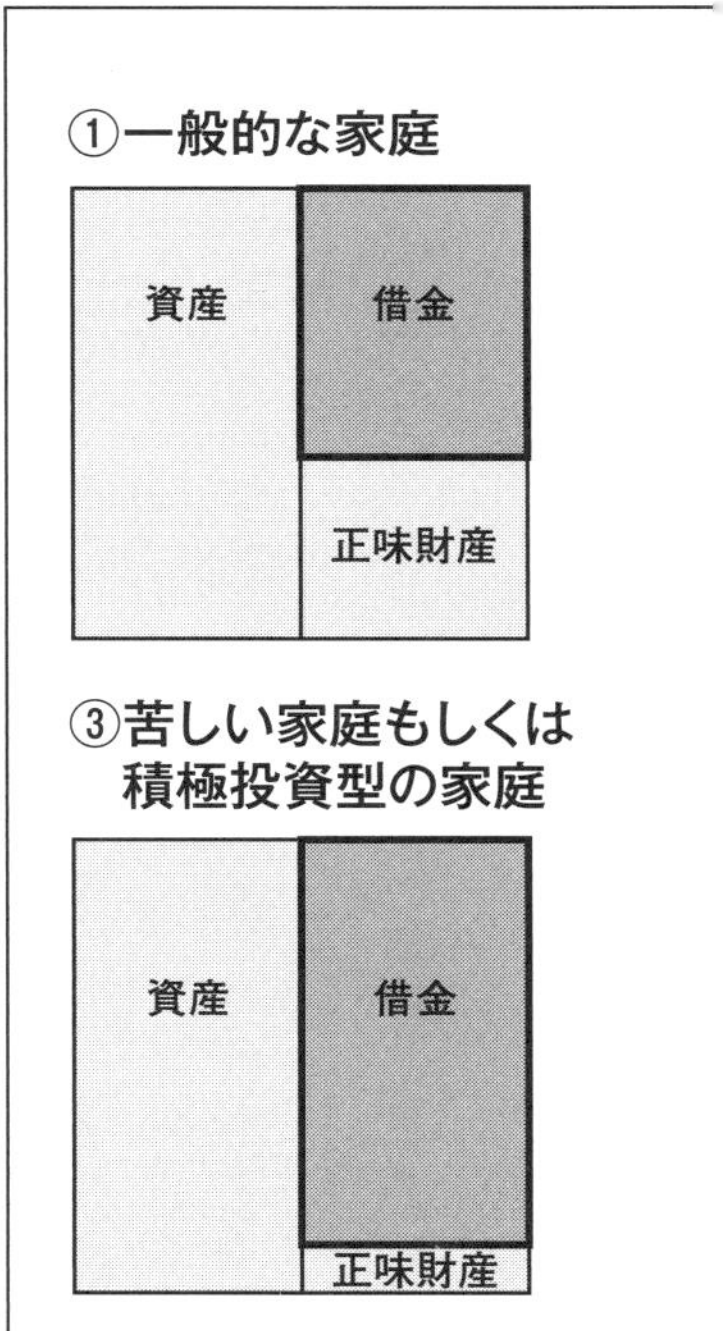

るでしょう。ほとんど借金のない財務的に優良な家庭は、②のようになっています。③は多額の借金をして住宅や株を購入したものの、購入した住宅や株の価値が下がり借金だけが残っているような例です。問題なのは④です。借金をして購入した住宅や株などの資産価値が極端に下がっている場合などは、このような状態になっています。このように資産より借金の額の方が多くて、正味財産がマイナスの状態になっている家庭を債務超過の状態にある家庭といいます。

ただ、債務超過の状態になっていても心配しないでください。そういう家庭はたくさんあります。債務超過になっていても毎月のローンの返済が滞りなく行えれば何ら問題はありません。

ただ、毎月のローンの返済が苦しいようであれば、46ページの「ＢＳの右側にも手を打つ」で説明した会社の場合と同じように、借金返済スケジュールの変更（リスケ）を金融機関にお願いすることができます。

借金返済ができなくなっても、問題解決の方法はいくつもあります。毎月の借金返済ができなくなったときに絶対にやってはならないことは、現在の借金を返済するために消費者金融などで、さらに金利の高い借金をして返済にあてようとすることです。また、1回だけのつもりで、クレジットカードのキャッシングやカードローンを利用して現金を引き出して既存の借金を返済しようとする人がいますが、この行為が命取りになります。現在の借金をさらに金利の高い借金で返済することは何の解決にもならないばかりか、借金を雪だるま式に増やすことになってしまいます。まずは現在、借金をしている金融機関に相談してください。

（3）人生を「投資」と「リターン」で考えてみる

このように、私たちの人生においても投資は大きな影響を与えます。そして、大きな投資は途中で方向転換がしにくいのです。巨額の住宅ローンを組んで家を買い、その家の価値が極端に下がってしまった場合、その家を売っても住宅ローンは返済できません。売るに売れない状況になってしまいます。

家計簿をつけて日々の費用を管理していくことも大切ですが、実は人生においては大きな投資をどのように行うかが極めて重要なのです。

多くの人は、日々の数千円・数万円単位の買い物は結構慎重に行います。しかし、数千万円といった実物の現金を見たことのないような額の買い物は、その数千万円の価値が実感としてないので、何をどう考えてよいのかわからず、つい衝動的に買ってしまったりします。私の自宅購入がまさにそうでした。

ただし、借金をすることは必ずしも悪いことではありません。家を持つことは家族の幸せにとって大切なことかもしれません。特に、子供と一緒に家族で暮らす時期に家は欲しいものです。借金をせずに自分のお金が十分に貯まってから家を買おうなどと思っていれば、家を買えるようになる頃にはもう子供たちは巣立ってしまっていることでしょう。借金という方法があるから、家族の幸せという「リターン」を得るための「投資」がタイムリーにできるのです。

大学進学についても、「投資」と「リターン」という考え方が必要でしょう。過去には大学に行けば就職キップが手に入るという明確なリターンがありました。しかし、現在は大学に行っても就職できるとは限りません。もちろん、就職キップだけが大学へ行くことのリターンではないでしょう。しかし、就職面接で大学時代に得たものについて語ってもらうと、アルバイト経験とサークル活動の話ばかりです。そんなことは大学に行かなくても経験できることです。

ドラッカーは現在の教育や学校が、知識社会となり組織社会となったこの新しい時代に合っておらず、教育機関ほど改革を迫られている組織は他にないと言っていました。大学に4年間通えば、学費だけで数百万円がかかります。大学に何を求め、どんなリターンを期待するのか。大学進学についても、人生全体の生き方を考える中で冷静に判断しなければならない時代になっています。

やはり、人生においても考え方の基本に「投資」と「リターン」という発想を持ておくべきだと思います。何に投資をしてどんなリターン（「幸せ」とか「安心」といった無形のリターンも含めて）を得たいのか。逆にいえば、どんなリターンが自分にとって大切で、そのために何に投資をしていくのかを、しっかり見極めていくことが真の幸せにつながっていくのではないでしょうか。

会計を勉強すれば、ビジネスが「投資」と「リターン」で回っていることが手にとるようにわかります。そして、少し考えれば世の中全体が「投資」と「リターン」で回っていることが見えてきます。企業会計を学ぶことは、ビジネスにおいてだけではなく人生全般においてもメリットがあります。企業会計を理解し、ものごとを広く高い視点で眺め、会計の知識を人生全般に活かしていただきたいと思います。

おわりに

本書を書くことによって、私の「財務3表」シリーズは、『財務3表一体理解法』、『財務3表図解分析法』、『財務3表実践活用法』の3部作となりました。

第3作の本書で目指したことの一つは、経営と会計をつなげることでした。それは会計を通して会社や社会を広く高い視点で眺めるということだけでなく、ビジネスの現場で行われている会計に関する仕事が経営全般の中でどのような意味を持つのかを理解していただくことでした。本書を読み終えたいま、会計が何を表そうとしているのか、また社会や組織の中で会計がいかに重要な役割を担っているのかをご理解いただけたと思います。

私事で恐縮ですが、本書を書き終えたいま、私には一つの気づきがありました。ドラッカーは「強みを活かせ」と言います。ただ、自分の強みを知ることは極めて難しいことです。強みかどうかはわかりませんが、少なくとも本書の内容は、私の経歴が活かせる分野であったということです。私は勤務していた神戸製鋼所から、社費でドラッカー経営大学院に留学させていただきました。マネジメントの全体像を理解するには、ドラッカー経営学に勝るものはないでしょう。そのドラッカー経営学をベースにして会計とマネジメントの関係が説明できたことは、私にとっても喜ばしいことでした。

本書のコラム〈ドラッカーのヒント〉に興味を持たれた方は、拙著『究極のドラッカー』（角川新書）を読んでみてください。ドラッカー経営学が、世界中の多くの国の人々に評価され続けている理由がおわかりいただけると思います。

著者の私から見れば、『財務3表一体理解法』と『究極のドラッカー』は全く同じ種類の書籍です。どちらも、一般に難しいと思われている分野を素人向けにわかりやすく解説したものです。違いがあるのは、対象とした分野が「会計」だったか「ドラッカー経営学」だったかだけです。『財務3表一体理解法』を評価してくださった方は必ず、『究極のドラッカー』も気に入っていただけると思います。

また、蛇足ではありますが、読者の皆さんにお伝えしておきたいことがあります。それは数学を勉強することの大切さです。本格的に簿記を勉強したことがない私が、どうして会計の全体像とその仕組みを簡単に説明できるのか。それは私に数学的な思考パターンが身についているからだと思います。数学を勉強すれば論理思考が鍛えられるだけでなく、全体像を把握する、本質を見抜く、シンプルに考えるといった能力が磨かれます。

芸は身を助けると言いますが、若い頃に徹底して身につけた力は身を助けてくれます。私の身を助けてくれたのは数学の力でした。数学の力があったからこそ、独立してから今日まで生き延びてこられたようなものです。

ただ、何事でもそうですが、何かを身につけようと思えば野球の１０００本ノックと同じで、考えるよりも先に体が反応するくらいに訓練しておかなければなりません。そうなって初めて財産になるのだと思います。私の場合の数学もそうでした。高校時代に徹底的に数学の指導をしてくださった恩師、戸取正憲先生には本当にお礼の言葉もありません。

本書をお読みの方の中には、小さなお子さんをお持ちの方もいらっしゃると思います。もし、お子さんが少しでも数学に興味があるようでしたら、その力を存分に伸ばしてあげていただきたいと思います。必ず生きていく上での財産となるでしょう。

最後になりましたが、本書の出版と編集にあたっては、株式会社朝日新聞出版の首藤由之・「朝日新書」編集長に大変お世話になりました。

この場をお借りして、これまでの人生の中でご支援をいただいた、すべての皆さまに心より御礼申し上げます。

本書が多くの皆さまのお役に立つことを心から願っています。

２０１２年６月

國貞　克則

参照図書

Peter F. Drucker *Management: tasks, responsibilities, practices*, Harper Collins Publishers, 1985

Peter F. Drucker *Management Challenges for the 21st Century*, Harper paperbacks, 2001

デイビッド・メッキン著、國貞克則訳『財務マネジメントの基本と原則』東洋経済新報社、２００８年

國貞克則『家計３表生活防衛術』ＰＨＰ研究所、２００８年

國貞克則『20代に考えるべきこと、すべきこと』日本能率協会マネジメントセンター、２００９年

國貞克則『できる人になるための「財務３表」』中央経済社、２０１０年

國貞克則『ストーリーでわかる財務３表超入門』ダイヤモンド社、２０１１年

國貞克則『究極のドラッカー』角川新書、２０１１年

國貞克則『増補改訂　財務３表一体理解法』朝日新書、２０１６年

國貞克則『財務３表図解分析法』朝日新書、２０１６年

國貞克則 くにさだ・かつのり

1961年生まれ。83年東北大学工学部卒業後、神戸製鋼所入社。海外プラント輸出、人事などを経て、2001年に独立。経営コンサルティングを行いながら、会計研修のオリジナル・プログラムを開発した。『財務３表一体理解法』『財務３表図解分析法』（共に朝日新書）、『究極のドラッカー』（角川新書）など著書多数。

朝日新書
356

財《ざい》務《む》３表《ぴょう》実《じっ》践《せん》活《かつ》用《よう》法《ほう》

会計でビジネスの全体像をつかむ

2012年 7 月30日 第 1 刷発行
2020年 4 月20日 第 2 刷発行

著　者　國貞克則

発行者　三宮博信
カバーデザイン　アンスガー・フォルマー　田嶋佳子
印刷所　凸版印刷株式会社
発行所　朝日新聞出版
〒104-8011　東京都中央区築地 5-3-2
電話　03-5541-8832（編集）
　　　03-5540-7793（販売）

ISBN 978-4-02-273456-3
定価はカバーに表示してあります。

落丁・乱丁の場合は弊社業務部（電話03-5540-7800）へご連絡ください。
送料弊社負担にてお取り替えいたします。

朝日新書

寂聴　九十七歳の遺言

瀬戸内寂聴

「死についても楽しく考えた方がいい」。私たちはひとり生まれ、ひとり死ぬ。常に変わりゆく。かけがえのないあなたへ贈る寂聴先生からの「遺言」――私たちは人生の最後にどう救われるか。生きる幸せ、死ぬ喜び。魂のメッセージ。

知っておくと役立つ　街の変な日本語

飯間浩明

朝日新聞「be」大人気連載が待望の新書化。国語辞典の名物編纂者が、街を歩いて見つけた「まだ辞書にない」新語、絶妙な言い回しを収集。「昼飲み」の起源、「肉汁」は「にくじる」か「にくじゅう」か、などなど、日本語の表現力と奥行きを堪能する一冊。

中国共産党と人民解放軍

山崎雅弘

「反中国ナショナリズム」に惑わされず、人民解放軍の「真の力〈パワー〉」の強さと限界に迫る！　国共内戦、朝鮮戦争、文化大革命、中越紛争、尖閣諸島・南沙諸島の国境問題、米中軍事対立、そして香港問題……。軍事と紛争の側面から、〈中国〉という国の本質を読み解く。

朝日新書

安倍晋三と社会主義
アベノミクスは日本に何をもたらしたか

鯨岡 仁

異次元の金融緩和、賃上げ要請、コンビニの二四時間営業まで、民間に介入する安倍政権の経済政策は「社会主義」的だ。その経済思想を、満州国の計画経済を主導し、社会主義者と親交があった岸信介からの歴史文脈で読み解き、安倍以後の日本経済の未来を予測する。

資産寿命
人生100年時代の「お金の長寿術」

大江英樹

年金不安に負けない、資産を〝長生き〟させる方法を伝授。老後のお金は、まずは現状診断・収支把握・寿命予測をおこない、その上で、自分に合った延命法を実践することが大切。証券マンとして40年近く勤めた著者が、豊富な実例を交えて解説する。

かんぽ崩壊

朝日新聞経済部

朝日新聞で話題沸騰！「かんぽ生命　不適切販売」の一連の報道を書籍化。高齢客をゆるキャラ呼ばわり、偽造、恫喝……驚愕の販売手法はなぜ蔓延したのか。過剰なノルマ、自爆営業に押しつぶされる郵便局員の実態に迫り、崩壊寸前の「郵政」の今に切り込む。

ゆかいな珍名踏切

今尾恵介

踏切には名前がある。それも実に適当に名づけられている。「畑道踏切」と安易なヤツもあれば「勝負踏切」「天皇様踏切」「パーマ踏切」「爆発踏切」などの謎めいたモノも。踏切の名称に惹かれて何十年の、「踏切名称マニア」が現地を訪れ、その由来を解き明かす。